Die Preßgesetze des Erdballs

Band II

Die Preßgesetze des Erdballs

In Verbindung mit dem

Institut für ausländisches öffentliches Recht
und Völkerrecht in Berlin

und der

Fédération Internationale des Journalistes

Herausgegeben von

Dr. Viktor Bruns
ordentlichem Professor des öffentlichen Rechts an der Universität Berlin und Direktor des Instituts für ausländisches öffentliches Recht und Völkerrecht

Dr. Kurt Häntzschel
Ministerialrat im Reichsministerium des Innern, Vorsitzendem der Internationalen Preßrechtskommission der Fédération Internationale des Journalistes, Berlin

Band II

1 9 2 8

Verlag von Georg Stilke, Berlin

Das Preßrecht Großbritanniens

von

Marguerite Wolff, M. A.
Referentin am Institut für ausländisches
öffentliches Recht und Völkerrecht
Berlin

1928

Verlag von Georg Stilke, Berlin

Schettlers Erben A.-G., Köthen-Anh.

Inhalt.

Anhang.

(Die Gesetzes- und Verordnungstexte sind nur insoweit in der Übersetzung wiedergegeben, als sie für die vorliegende Arbeit interessieren.)

Verzeichnis der im Text angeführten, aber im Anhang nicht wiedergegebenen Gesetze und Verordnungen.

Verzeichnis der angeführten Entscheidungen.

Liste der Abkürzungen.

A. C. oder App. C.	Appeal Cases
Atk.	Atkyns' Reports, Chancery
B. & S.	Best & Smith's Reports, Queen's Bench.
C. & P. (70)	Carrington & Payne's Reports, Nisi Prius
C. J.	Commons' Journal
C. P. (D.)	Common Pleas (Division)
Ch. D.	Chancery Division
Cmd.	Command Papers
Cox C. C.	E. W. Cox's Criminal Law Cases
Cro. Jac.	Croke's Reports temp. James I, King's Bench and Common Pleas

Encycl. Brit.	Encyclopedia Britannica
Engl. Rep.	English Reports
Ex. (D.)	Exchequer (Division)
F. & F.	Foster & Finlason's Reports, Nisi Prius
H. o. C.	House of Commons
How. St. Tr.	Howell's State Trials
J. P.	Justice of the Peace
K. B. oder K. B. D.	King's Bench Division
L. R.	Law Reports
L. T. R.	Law Times Reports
P. C.	Privy Council
Q. B. oder Q. B. D.	Queen's Bench Division
St. Tr.	State Trials
T. L. R.	Times Law Reports
T. R.	Term Reports

Vorbemerkung.

Mir war die Aufgabe gestellt, das auf die Presse bezügliche Recht Englands auf gedrängtem Raum darzustellen. Ich habe mich bemüht, die spezifisch englische Rechtsauffassung möglichst getreu wiederzugeben und zu diesem Zweck meine Darstellung auf den Quellen des englischen Rechts, den grundlegenden Entscheidungen und den Gelegenheitsgesetzen preßrechtlichen Inhalts aufgebaut. Dies schien mir wichtiger, als auf theoretische Streitfragen einzugehen, zumal da in dem zweiten Teil dieses Werks von andern Federn eine allgemeine Lehre des Preßrechts auf rechtsvergleichender Grundlage gegeben werden soll.

Besonders reiche Belehrung erhielt ich durch eine eingehende mündliche Unterredung mit Herrn Dawson, dem Verfasser des im Jahre 1927 erschienenen „Law of the Press“; für seine freundliche Unterstützung danke ich Herrn Dawson auch an dieser Stelle aufs herzlichste.

Literatur.

Zu der vorliegenden Arbeit habe ich vor allem benutzt:

Anschütz, Verfassungsurkunde für den preußischen Staat. Berlin 1912. Bd. I.

Coke, Institutes of the Laws of England. (Erstausgabe 1628. Benutzte Ausgabe 1817.)

Dawson, Th., The Law of the Press. London 1927.

Dicey, Introduction to the Study of the Law of the Constitution. 8th ed. London 1924.

Eames-Odgers, A Digest of the Law of Libel and Slander. 5th ed. London 1911.

Eltzbacher, Die Presse als Werkzeug der auswärtigen Politik. 1918.

Fisher-Strahan, The Law of the Press. 2nd ed. London 1898.

Fraser-Fachiri, Law of Libel and Slander. 6th ed. London 1925.

Gerland, Englische Gerichtsverfassung. 1910.

Heymann, im Handwörterbuch der Rechtswissenschaft (Stier-Somlo), Bd. 2: „Englisches Recht“.

Jellinek, Erklärung der Menschen- und Bürgerrechte. 3. Aufl.

Jèze in der „Revue du Droit public et de la Science politique". (Bd. 32 u. 33.)

Kohlrausch, in Anl. I zum Entwurf eines allgemeinen deutschen Strafgesetzbuchs. Reichstagsdrucksache: Nr. 3390 vom 19. Mai 1927: Fragen der Ehescheidung i. England.

May, A Treatise on the Law, Privileges, Proceedings and Usages of Parliament. 13th ed. 1924.

Mendelssohn-Bartholdy, Das Imperium des Richters. 1908.

Russell, On Crimes and Misdemeanors. 8. Aufl. 1923.

Salmond, Jurisprudence. 7th ed. 1924.

Smend, Das Recht der freien Meinungsäußerung. (Veröffentlichungen der Vereinigung der deutschen Staatsrechtslehrer.) Heft 4. 1928.

Stephen's Commentaries on the Laws of England. 18th ed. 1925[1]).

Ferner: Halsbury, Laws of England, Mew's Digest, English and Empire Digest, Hansard Lords' Debates, Hansard Commons' Debates, Public General Acts, Revised Statutes, Chitty's Statutes, Command Papers, Manual of Emergency Legislation and Supplements, Green's Encyclopedia of Scots Law (1910) etc.

Die angeführten Entscheidungen wurden aus den Law Times Reports, Times Law Reports, Law Reports (King's Bench Division, Queens Bench Division, Privy Council, Common Pleas, Chancery Division, Appeal Cases), English Reports, State Trials, Law Times Journal oder „Times" newspaper entnommen. (N. B. Die wenigen zitierten Entscheidungen, die nicht in diesen Sammlungen enthalten sind, mußten nach den Angaben anderer Autoren angeführt werden. Dasselbe bezieht sich auf das hier und da zitierte Commons' Journal, das mir bei der Anfertigung der Arbeit nicht zugänglich war.)

M. W.

[1]) z. T. auch Pardey, Das Recht der englischen Presse (Hamburg 1928), das mir während des Drucks der vorliegenden Arbeit durch die Liebenswürdigkeit des Verfassers in Korrektur zugegangen ist.

I. Allgemeines.

D e r B e g r i f f „P r e s s e". — Es gibt in England keine Definition des Begriffs Presse, die für die Erörterung des Rechts der hier zu behandelnden Materie brauchbar wäre. Man versteht in England unter „Press" zunächst die Tagespresse, im erweiterten Sinn Erzeugnisse der Buchdruckerkunst überhaupt. Niemals könnte man eine Filmvorstellung, eine Radioverbreitung, einen Anschlag am Zaun unter diesen Begriff bringen. Fragt man aber danach, welche rechtliche Behandlung beispielsweise ein aufrührerischer Radiovortrag erfährt, so ist es ganz zweifellos, daß gegen alle Verantwortlichen genau so vorgegangen wird wie gegen den Verfasser, Verleger und Drucker eines aufrührerischen Artikels in einer Tageszeitung.

In Ländern, in denen es ein Preßgesetz oder ein Sonderpreßrecht gibt, besteht das Bedürfnis, den Begriff „Presse" im Sinne dieses Preßrechts genau abzugrenzen. In England besteht kein solches Bedürfnis. Wie unten zu zeigen sein wird, gibt es keine „Preßfreiheit" über die Freiheit hinaus, die jeder Staatsbürger genießt, kein Sonderpreßrecht mit Ausnahme vereinzelter Bestimmungen, die weder die gesamte Presse treffen, noch sonst zu einer selbständigen Disziplin zusammengefaßt werden können. Können diese gesetzlichen Bestimmungen also keine Grundlage für eine Definition des Begriffs Presse geben, ist hieraus nicht zu entnehmen, was unter Preßrecht in England fällt, so ist dies ebensowenig möglich, wenn auch aus anderen Gründen, bei Betrachtung des sogenannten Common Law. Das Common Law — das aus richterlichen Entscheidungen gewonnene Recht — ist auf jedem Rechtsgebiet in England grundlegend[1]), so ist es auch ausschlaggebend für die rechtliche Beurteilung der hier zu erörternden Materie. Nach Common Law sind Handlungen, die von Redakteur, Verleger, Drucker, Filmunternehmer usw. begangen werden, danach zu beurteilen, ob sie unter gewisse Kategorien von Delikten fallen oder nicht (so, ob sie contempt of court oder eine Beleidigung darstellen usw.), gleichgültig, auf welche W e i s e sie begangen

[1]) Vgl. hierzu Ernst Heymann S. 249 ff., insbesondere S. 256 a. E., ferner Salmond Sec. 52, S. 180, 181.

werden. So ist derjenige, der beleidigende Worte auf einen Zaun malt, wo sie von anderen gesehen werden, ebenso zu beurteilen, wie der Verleger, der sie in seiner Zeitung druckt, weil beide nach Common Law dasselbe Delikt begehen. Umgekehrt, wenn die Worte in der Zeitung straffrei sind, so sind sie es nicht deswegen, weil sie dort erscheinen (besonderer Schutz der Presse), sondern weil sie kein Delikt darstellen; sie sind ceteris paribus genau so frei, wenn sie auf einen Zaun gemalt werden[1]).

Daher gibt es in England im Common Law keinen im juristischen Sinn definierbaren Begriff „Presse“. Im folgenden wird der Versuch gemacht, für England die Regelung derjenigen Verhältnisse zu erörtern, die in Ländern mit einer besonderen Preßgesetzgebung von dieser erfaßt werden.

P r e ß f r e i h e i t. — Grundsätzlich besteht in England Preßfreiheit. „Die Freiheit des Journalisten“, so heißt es in einer Entscheidung aus dem Jahre 1914[2]), „ist ein normaler Bestandteil der Freiheit des Staatsangehörigen, und was dem Staatsangehörigen im allgemeinen gestattet ist, ist dem Journalisten auch gestattet, aber abgesehen von gesetzlichen Vorschriften, ist sein Privileg kein anderes und kein höheres.“ „Die Freiheit der Presse“, so lautet ein Satz der Entscheidung im Falle R. v. Grey[3]), ist nicht größer und nicht kleiner als die Freiheit jedes Untertans der Königin[4]).“

Eine besondere Garantie speziell der Preßfreiheit gibt es weder nach der (ungeschriebenen) Verfassung, deren Grundsätze aus Entscheidungen gewonnen werden[5]), noch sonst. Sie ist nur dadurch geschützt, daß kein Gesetz sie bedroht, und daß das Common Law grundsätzlich keine restriktive Sonderbehandlung kennt: Grundsätzlich werden keine Maßnahmen ergriffen, um Veröffentlichungen zu verhindern[6]): „Die Freiheit der

---

[1]) Vgl. demgegenüber für die kontinentale Auffassung z. B. Anschütz S. 501 ff.

[2]) Arnold v. King-Emperor of India, III L. T. R. 325.

[3]) 1900. 2 Q. B. S. 40.

[4]) Allerdings bestehe, so meint Blake Odgers (S. 193), bei Geschworenen die Gewohnheit, Journalisten größeren Spielraum zu lassen als anderen Leuten, wenn auch r e c h t l i c h alle gleichstünden. (Siehe auch unten S. 22.)

[5]) Dicey S. 191, vgl. auch Jellinek S. 35.

[6]) Ausnahmen siehe unten S. 14, 39, 57—59.

Presse“, sagt Lord Mansfield[1]), „besteht darin, daß ohne vorherige Genehmigung, aber auf die Gefahr der Ahndung etwaiger Gesetzesübertretungen, gedruckt werden darf.“ Ähnlich Lord Ellenborough: „Das Recht Englands ist ein Freiheitsrecht und im Einklang mit dieser Freiheit haben wir nicht das, was ein Imprimatur genannt wird; eine derartige vorherige Genehmigung ist nicht notwendig, aber wenn jemand etwas publiziert, so ist er den strafrechtlichen Folgen ausgesetzt, wie bei jeder ungesetzmäßigen Handlung[2]).

Aus diesen und ähnlichen Aussprüchen ergibt sich bezüglich des heutigen Preßrechts, daß es keine vorherige Zensur gibt, aber daß nachträgliche gerichtliche Ahndung dann möglich ist, wenn eine Veröffentlichung die allgemeinen Landesgesetze verletzt, „den Staat gefährdet, der Moral zuwiderläuft oder ohne rechtlichen Grund einzelnen Personen Schaden zufügt[3])“.

Ist somit dargetan, daß die von der Presse begangenen Handlungen nach allgemeinen Rechtssätzen zu beurteilen sind, so besteht auch folgerichtig kein besonderer Schutz der Presse gegenüber Verwaltungsmaßnahmen. Eingriffe der Polizei sind nach Common Law gegenüber jedermann, so auch gegenüber der Presse, gestattet, wenn der Polizeibeamte weiß oder vernünftigerweise annehmen darf, daß ein Friedensbruch oder ein Verbrechen begangen worden ist. (In solchem Fall darf sich der Polizist z. B. gewaltsam Eintritt in ein Gebäude ver-

---

[1]) Rex v. Dean of St. Asaph (1784) 21 St. Tr. 1040.

[2]) Rex v. Cobbett, 1804. 29 How. St. Tr. 1.

[3]) Dawson S. 2; Dicey (S. 242 ff.) bemerkt einschränkend hierzu: 1. daß die Freiheit der Meinungsäußerung durch die tatsächliche Handhabung der Justiz (Aburteilung durch Geschworene) sehr eingeschränkt sein kann. Die durch die Geschworenen vertretene öffentliche Meinung, die entscheidend ist über das Vorliegen eines „Libel“ (siehe unten S. 7 ff.) kann die „Freiheit“ sehr weit, aber auch sehr einengend auffassen. 2. macht Dicey darauf aufmerksam, daß ein gerichtliches Verbot der Wiederholung in Libelfällen (siehe unten S. 57) sich schwer in Einklang bringen läßt mit dem Prinzip, daß keine Veröffentlichung im voraus verboten wird. Er fügt allerdings hinzu, daß solch Verbot sehr selten erlassen wird und bekennt sich im Ergebnis zu der herrschenden, im Text dargelegten Auffassung. (Noch seltener ist solch gerichtliches Verbot in Schottland, wo man der Beurteilung des Falles durch die Geschworenen nicht durch Gerichtsverbot zuvorkommen will.)

schaffen[1]). Auch die gesetzlich vorgesehenen Fälle allgemeiner (nicht preßrechtlicher) Natur, in denen der Polizei Eingriffe gestattet sind[2]), beziehen sich ebenso auf die Presse wie auf alle Staatsbürger. (Die vereinzelten Vorschriften, die nur die Presse treffen, werden unten zu besprechen sein.)

Das englische Preßrecht ist also kein Sonderrecht, es bildet einen Teil des allgemeinen Rechts. Nun gibt es allerdings vereinzelte Sondervorschriften, die gegen die Presse gerichtet sind, und einige Vorrechte, die sie allein genießt; das sind immer gesetzliche Vorschriften[3]). Nach englischer Auffassung kommt aber, wie schon erwähnt, solchen einzelnen gesetzlichen Spezialbestimmungen keine grundsätzliche Bedeutung zu[4]), grundlegend ist im englischen Recht stets das Common Law, und dieses betrachtet, wie oben an einigen Beispielen gezeigt wurde, die Preßfunktionen als den allgemeinen Grundsätzen des englischen Rechts unterworfen, die Preßfreiheit als die Freiheit jedes Staatsbürgers in einem Rechtsstaat[5]).

---

[1]) Stephen Bd. IV, S. 275.

[2]) Official Secrets Act 1911.

[3]) Einzige Ausnahme: Breach of privilege, wo die in Betracht kommenden Vorschriften nicht auf Gesetz, sondern auf der parlamentarischen Geschäftsordnung beruhen. (Siehe unten S. 55.)

[4]) Charakteristisch für die englische Einstellung ist es, daß englische Juristen in der Regel das Bestehen eines englischen Preßrechts überhaupt leugnen.

[5]) Im Laufe seiner umfassenden und lehrreichen Studie kommt Pardey zu dem Ergebnis, daß die preßrechtlichen Sonderbestimmungen in England die Regel der „Gesetzesgleichheit" durchbrechen. Er nimmt ein „Preßsonderrecht" in England an (S. 76). Diese Ansicht kann ich nicht teilen. Die Tatsache, daß viele Common Law-Begriffe (so z. B. contempt of court) in ihrer Anwendung hauptsächlich die Presse treffen, kann an der herrschenden Lehre (die P. bekämpft) nichts ändern: nicht die Person des Täters ist ausschlaggebend für die richterliche Entscheidung, sondern die Merkmale des im Common Law festgelegten Deliktes selber, die für alle dieselben sind. Auch die vielen z. T. im Text zitierten Entscheidungen zeigen, daß die Richter selbst Wert darauf legen, daß im Prinzip die Presse rechtlich keine Sonderstellung einnehme. Sieht man dagegen (wie P. will) vom Common Law ab und betrachtet man die preßrechtlichen Sonderbestimmungen (Gesetze) nicht als Ergänzung dazu, so ist es klar, daß ihnen jeder einheitliche Rechtsgedanke fehlt. Soweit die Rechte und Pflichten der englischen Presse sich nicht mit denen jedes Staats-

Es ist nicht immer so gewesen: Unter Heinrich VIII. ist durch den Court of Star Chamber eine besondere Aufsicht des Königs über die Drucker geführt worden. Unter der Königin Elisabeth mußten alle Bücher vor der Veröffentlichung konzessioniert werden, und das Drucken war ein Monopol der Mitglieder der London Stationers' Company. Die Zensur wurde vom Parlament bis zum Jahre 1693 stets wieder erneuert; in diesem Jahre jedoch nur noch bis 1695; dann erlosch sie und wurde nie wieder ins Leben gerufen.

Die jetzige Freiheit ist aber viel jüngeren Datums. Gegen Ende des 18. Jahrhunderts durfte man noch nicht ohne Erlaubnis der Richter über gerichtliche Verfahren berichten, Parlamentsdebatten veröffentlichen usw. Im selben Jahrhundert haben ferner die Richter noch darüber entschieden, was als „Libel"[1]) zu gelten habe; politische Voreingenommenheit dieser Richter hat zu vielen Pressestrafen geführt. Durch Fox's Libel Act 1792 wurde bestimmt, daß die Geschworenen, nicht mehr der Richter, darüber entscheiden sollten, ob ein Libel vorliegt. Dies war ein wichtiger Schritt vorwärts, der auch als solcher gewertet wurde, und im Jahre 1799 hat Lord Kenyon[2]) den heute noch viel zitierten Spruch getan: „Es darf ein jeder alles veröffentlichen, was zwölf seiner Landsleute nicht für tadelnswert erachten[3])."

Im Jahre 1843 wurde durch Lord Campbell's Libel Act[4]) der Presse gestattet, bei einem strafrechtlichen Libel- (Beleidigungs-) Verfahren die Einwendung zu machen, der Libel sei wahr und es sei im öffentlichen Interesse, daß er veröffentlicht werde. Bis dieser Weg gefunden worden war, war bei einem strafrechtlich verfolgten Libel die Einwendung der Wahrheit der Behauptung kein Schutz für den Angeklagten.

---

bürgers decken, handelt es sich um zusammenhanglose Einzelbestimmungen, denen keine grundsätzliche Bedeutung zukommen kann.

[1]) Siehe unten S. 7 ff.

[2]) Rex v. Cuthell 27 How. St. Tr. p. 675.

[3]) Anders die Freiheit der Meinungsäußerung in Deutschland, von der Smend (S. 71) sagt, sie sei „ein echtes Freiheitsgrundrecht, sie besteht ohne Rücksicht darauf, ob von ihr ein guter oder schlechter Gebrauch gemacht wird."

[4]) Anhang 2; siehe auch unten S. 10.

Auch sonst war die Presse früher mehreren Beschränkungen unterworfen: Nach einem Gesetz von 1819 mußte jeder Zeitungseigentümer eine große Geldsumme als Sicherheit für Strafgelder hinterlegen, die er vielleicht später wegen strafbaren Libels würde zahlen müssen; nach einem Gesetz von 1798 mußten die Zeitungen registriert werden, zusammen mit Einzelheiten über Eigentümer, Verleger und Drucker, und die Namen der letzten beiden mußten auf jedem Exemplar gedruckt werden; auch durch die Zeitungsstempelgebühren, die zuerst 1712 erhoben und 1855 abgeschafft wurden, wurde die Presse schwer getroffen. Erleichterungen brachten das Newspapers, Printers and Reading Rooms Repeal Act von 1869[1]) und das Newspaper Libel and Registration Act 1881[2]).

Es bestehen noch heute einzelne Beschränkungen der Presse, deren Vermehrung durch Parlamentsgesetz grundsätzlich nichts im Wege steht — so sind z. B. Zeitungsberichte über Gerichtsverhandlungen durch ein erst 1926 erlassenes Gesetz[3]) eingeschränkt worden.

Trotz solcher einzelner Bestimmungen aber, trotz der formell uneingeschränkten Befugnis des Parlaments, Gesetze zu erlassen, muß betont werden, daß eine erhebliche Einschränkung des G r u n d s a t z e s der Preßfreiheit heute in England politisch und rechtlich undenkbar ist: politisch, weil die öffentliche Meinung eine freie Presse verlangt, rechtlich, weil eine solche Einschränkung, wie Dicey[4]) formuliert, eine Revolution des englischen Rechts voraussetzte. Das (Verfassungs-)Recht der freien Meinungsäußerung hat seine Grundlage im Common Law und wird von ihm garantiert; der Richterspruch zeigt die Norm des Common Law auf, er grenzt die Rechte der einzelnen ab — die Verfassung ist nichts anderes als die Generalisierung der durch die Gerichte geschützten Freiheitsrechte der Einzelnen, die auf dem ungeschriebenen law of the land beruhen. Eine Abänderung oder Abschaffung eines solchen Freiheitsrechts würde die

[1]) Anhang 3. Siehe auch unten S. 34.

[2]) Anhang 4. Siehe auch unten S. 34.

[3]) Judicial Proceedings (Regulation of Reports) Act 1926 (Anh. 13). Siehe auch unten S. 53.

[4]) Vgl. S. 196 ff., insbes. S. 199. [Die Verfassungsnormen] „sind nicht die Quelle, sondern die Folgen der Rechte von Individuen, wie sie vom Gericht niedergelegt und durchgeführt werden.“

Umstoßung der Fundamente der englischen Rechtsordnung erfordern. Es soll aber nicht bestritten werden, daß die Preßfreiheit innerhalb gewisser sehr weiter Grenzen durch das Common Law (und im kleineren Grad von Gesetzen) geregelt wird. Die folgenden Ausführungen sollen u. a. zeigen, in welcher Weise die Grenzen gezogen werden[1]).

II. Libelrecht.

Wie schon dargelegt, gibt es in England kein Preßrecht im kontinentalen Sinn. Die wenigen Gesetze, die für Sonderfälle auf die Presse anwendbar sind[2]), werden noch zu erörtern sein. In der Hauptsache fällt das auf die Presse anzuwendende Recht mit dem Libelrecht zusammen. In den Traditionen (teils gesetzlich, teils gerichtlich festgelegt), die der Handhabung dieser Materie zugrunde liegen, wird der Geist am besten offenbart, in dem die Presse in England rechtlich behandelt wird. Auf das Libelrecht ist daher etwas näher einzugehen. Zunächst das Wort selbst: Der Begriff ‚libel' kann mit keinem deutschen Ausdruck gedeckt werden. Am wichtigsten ist

1) der „defamatory libel": d. h. Gedrucktes oder Geschriebenes (in Wort oder Bild), das geeignet ist, dem Ruf eines Menschen zu schaden, ihn lächerlich, verhaßt oder verächtlich zu machen. Falsche Darstellungen von Tatsachen, gehässige Kritik können auch als defamatory libel aufgefaßt werden[3]). Das sogenannte ‚Innuendo' kann auch hierunter fallen: Worte, die scheinbar harmlos oder gar lobend sind, können in

[1]) Ein neuerer Beweis, daß die Freiheit der Presse nicht nur rechtlich geschützt ist, sondern auch einem Bedürfnis des englischen Volksempfindens entspricht, wurde am 4. April d. J. im House of Commons geliefert (Times Newsp. 5. 4. 1928). Es wurde ein Beschluß dahingehend angenommen, daß unabhängige Zeitungen eine Notwendigkeit des englischen öffentlichen Lebens seien und daß die Konsolidierung der Presse in den Händen mächtiger Syndikate gegen die öffentlichen Interessen wirke. Im Laufe der Debatte wurde u. a. gesagt: „Das ganze Haus steht für die Freiheit der Presse ein, aber zur Freiheit der Presse gehört eine freie (d. i. keine von Syndikaten beeinflußte) Presse!"

[2]) „Es gibt", sagt Dicey S. 236, „wenig im Gesetzbuch, was sich als Preßrecht bezeichnen läßt."

[3]) Whistler v. Ruskin. Times newsp. 27. Nov. 1878.

dem Zusammenhang, in dem sie stehen, beleidigend wirken[1]). Der Prüfstein ist: „Ist anzunehmen, daß vernünftige Menschen, unter den bei der Veröffentlichung obwaltenden Umständen, die Worte im beleidigenden Sinne verstehen würden[2])?" In der vorliegenden Arbeit wird neben dem englischen Ausdruck ‚defamatory libel' auch das Wort Beleidigung gebraucht, das dem Begriff am nächsten kommt. Es darf aber hierbei nicht vergessen werden, daß ein libel stets schriftlich oder gedruckt ist. Mündliche Beleidigung, üble Nachrede fallen unter „slander"[3]), ein Begriff der, insoweit seine rechtliche Bedeutung von der des „libels" abweicht, im Preßrecht nicht interessiert. Die anderen ‚Libel'arten (seditious libels, blasphemous libels, obscene libels) werden unten auf Seiten 12 bis 14 erklärt.

Wer an dem Schreiben, Drucken oder der Veröffentlichung[4]) eines ‚defamatory libels' beteiligt ist, kann in der Regel sowohl strafrechtlich als auch zivilrechtlich vom Beleidigten verfolgt werden[5]). Es ist möglich, daß beide Verfahren gleichzeitig gegen dieselbe Person in bezug auf denselben Libel eingeleitet werden, aber es ist höchst selten, daß dies der Fall ist[6]). Das bei weitem üblichere Verfahren ist die Zivilklage, wobei der Beleidigte vor dem ordentlichen Gericht auf Entschädigung klagt; in neuerer Zeit kommt es so gut wie gar nicht vor, daß namhafte Zeitungen überhaupt wegen eines defamatory Libels strafrechtlich verfolgt werden[7]). Strafklagen sind heute in der Regel auf solche Fälle beschränkt, in denen ein öffentliches

---

[1]) Boydell v. Jones 4 M & W 446 (1838) 150 Engl. Rep. 1504.

[2]) Capital & Counties Bank v. Henty (1882) 7 App. Cas. 745. Auf die Schuld kommt es nicht an.

[3]) In Schottland kennt man diese Unterscheidung nicht.

[4]) Wobei Veröffentlichung „schriftliche oder gedruckte Mitteilung an einen Dritten" bedeutet.

[5]) Anders in Schottland: Hier nur Zivilklagen bei „Defamation".

[6]) Dawson S. 77.

[7]) Eine Durchsicht der „Law Reports" 1920—1927 ergab keinen einzigen Fall einer Strafklage gegen eine Zeitung wegen Libels. Neuere Fälle von Zivilklagen wegen Libels sind: Lyle-Samuel v. Odhams Ltd. and others. (1920) I. K. B. 135; Weld-Blundell v. Stephens (1920) App. Cases 956; The Aga Khan v. Times (1925) App. C. 47; M. Isaacs & Sons Ltd. and others v. Cook (1925) 2 K. B. D. 391; Godman v. Times Publ. Co. Ltd. (1926) 2 K. B. D. 273.

Interesse an der Bestrafung oder besondere Gemeinheit vorliegt[1]).

In einigen Fällen kann allerdings nur strafrechtlich verfolgt werden, so z. B. bei einer die Hinterbliebenen möglicherweise zu Gewalttaten aufreizenden Beleidigung eines Toten (keine zivilrechtliche Klage bei Beleidigung eines Toten.) Das öffentliche Motiv der Aufreizung ist das Entscheidende hierbei[2]).

Wenn ein ähnliches Motiv vorliegt, wird die Beleidigung einer Klasse oder Sekte von Menschen strafrechtlich verfolgbar. Zivilrechtlich kann kein Mitglied einer derartigen Klasse oder Sekte den Beleidiger verfolgen, es sei denn, daß er bei der Beleidigung persönlich bezeichnet oder angedeutet ist[3]), aber eine strafrechtliche Klage ist möglich, wenn durch die Beleidigung Streitgelüste erregt werden können[4]).

Eine juristische Person kann wegen Beleidigung klagen, wenn ihr Ruf, nicht der Ruf der einzelnen Mitglieder angegriffen ist. Nachweis erlittenen Schadens ist für den Erfolg der Klage nicht erforderlich[5]).

Um eine Zivilklage wegen Beleidigung zu rechtfertigen, muß die Beleidigung mindestens einer dritten Person bekanntgegeben, mindestens insoweit veröffentlicht worden sein. Strafrechtlich kann ein Beleidigter auch verfolgt werden, wenn er die schriftliche Beleidigung auch nur dem Beleidigten zustellt, wenn dieser hierdurch zum Friedensbruch gereizt werden könnte. Ein solcher Fall kann aber innerhalb des Rahmens des Preßrechts nicht vorkommen.

---

[1]) So wurde am 24. Okt. 1927 (siehe Times Newspaper v. 25. 10. 1927) eine Strafklage gegen die Herausgeber einer kleinen Zeitschrift (The International Seafarer) eingeleitet, weil diese auf besonders gemeine Weise einen Seemann verleumdet hätten, indem sie ihn mehrerer Verbrechen bezichtigten. (R. v. Pollitt, Beech & Strudwick.)

[2]) R. v. Topham (1791) 4 T. R. p. 128. 100 Engl. Rep. 932.

[3]) Jones v. Hulton & Co. 1909 2 K. B. 481: „Jedes Mitglied der Klasse, das die Geschworenen überzeugen kann, daß es gemeint ist und verleumdet wurde, könnte mit Erfolg klagen."

[4]) R. v. Osborne (1732) Wm. Kelynge's Reports, p. 230. 25 Engl. Rep. 585.

[5]) South Hetton Coal Co. Ltd. v. North Eastern News Assocn. (1894) 1 Q. B. D. 133.

Wichtig für die Entwicklung des strafrechtlichen ‚defamatory libels' ist das Gesetz von 1843, das den Namen „Lord Campbell's Libel Act"[1]) führt. Nach Absatz 6 dieses Act wird bestimmt, daß die Erbringung eines Wahrheitsbeweises nur dann zur Rechtfertigung ausreiche, wenn die Veröffentlichung im öffentlichen Interesse gewesen ist. Ursprünglich im selben Gesetz (Abschn. 3), jetzt durch Abschn. 31 des Larceny Act 1916[2]) ersetzt, befindet sich eine Bestimmung, wonach es strafbar ist, eine Beleidigung oder irgend eine Tatsache zu veröffentlichen (oder zu veröffentlichen zu drohen), oder die Veröffentlichung einer Tatsache zu verhindern (oder zu verhindern zu drohen), um für sich oder andere Vorteile zu erzielen. In den Abschn. 4 und 5 dieses Gesetzes von 1843 (Lord Campbell's Libel Act) werden die Strafen festgesetzt für die Veröffentlichung in böswilliger Absicht a) einer Beleidigung überhaupt, b) einer Beleidigung bei Kenntnis der Unwahrheit derselben.

Nach Abschn. 7 des Gesetzes ist man strafrechtlich für die Veröffentlichung eines Libels nicht verantwortlich, wenn nachgewiesen werden kann, daß der Libel ohne Wissen und Zustimmung des Beschuldigten (unter Anwendung der erforderlichen Sorgfalt) veröffentlicht worden ist. Auf diese Weise kann häufig ein Zeitungseigentümer und unter Umständen auch der Redakteur von der strafrechtlichen Verantwortung befreit werden[3]). Auf die Verteilung der Verantwortung wird unten unter III näher einzugehen sein.

[1]) Siehe Anh. 2.

[2]) Siehe Anh. 11.

[3]) R. v. Holbrook (1878) 4 Q. B. D. 50: „Die Wirkung des Gesetzes . . . muß die sein, daß eine Ermächtigung des Zeitungseigentümers an Redakteur oder Verleger, etwas ‚Libel' Enthaltendes zu publizieren nicht mehr eine rechtliche Vermutung, sondern eine Tatsachenfrage ist. Vor Erlaß des Gesetzes war die einzige Tatfrage: „Hat der Beklagte zu der Veröffentlichung der Zeitung seine Ermächtigung gegeben?", jetzt ist sie: „Hat er die Veröffentlichung des Libel gestattet? Eine verbrecherische Absicht darf nicht vorausgesetzt, sondern muß bewiesen werden, und beim Fehlen gegenteiligen Beweises muß angenommen werden, daß jemand, der sich eines andern zur Ausführung einer gesetzmäßigen Handlung bedient, diesen ermächtigt, die Handlung auf gesetzmäßige und nicht auf gesetzwidrige Weise auszuführen"; R. v. Ramsay & Foote (1883) 48 L. T. R. 733.

S t r a f v e r f a h r e n. Die Anklage wird vom Beleidigten erhoben. Eine öffentliche Anklage durch den Attorney-General ist möglich, aber selten. Dieser greift nur bei Libels gegen hochgestellte Persönlichkeiten ein. Alle Beleidigungs- (Libel-) Strafklagen kommen zunächst vor einen Polizeirichter oder vor zwei Friedensrichter (Abschnitt 6 des Newspaper Libel and Registration Act 1881, der besagt, daß jeder Libel oder angebliche Libel unter den Vexatious Indictments Act [22 und 23 Vict. c. 17] fällt). Um die Presse vor frivolen Strafklagen zu schützen (andere Bevorzugungen der Presse siehe unten S. 43 ff.) räumen Abschnitte 4 und 5 des Newspaper Libel and Registration Act 1881[1]) den Polizeirichtern folgende Rechte ein: Nach Abschn. 4 können sie bei Beleidigungsklagen gegen Zeitungen[2]) unter bestimmten Umständen summarisch verfahren, ohne den Fall an die ordentlichen Gerichte zu verweisen. So dürfen sie Beweise aufnehmen, und wenn der Angeklagte nach Ansicht dieser Richter den Wahrheitsnachweis und den Beweis erbringt, daß die Veröffentlichung im öffentlichen Interesse gewesen ist, so darf der Richter die Klage abweisen. Dieser Abschnitt bezieht sich nur auf den Eigentümer, Verleger, Redakteur und möglicherweise den Drucker einer Zeitung; bei dem Verfasser, Berichterstatter, und etwaigen anderen an der Veröffentlichung beteiligten Personen hat der Polizeirichter kein solches Recht — hier darf er nur, wie bei jeder anderen strafrechtlichen Libel-Klage feststellen, ob das als beleidigend bezeichnete Material wirklich veröffentlicht worden ist und ob es sich auf den Ankläger bezieht. Bei Bejahung muß er den Fall an die ordentlichen Gerichte verweisen.

Ist der Ankläger nicht zufrieden mit der summarischen Abweisung durch den Friedensrichter, so kann er sich an die ordentlichen Gerichte wenden. Ebenfalls auf Eigentümer, Verleger, Redakteure und sonst für die Verlegung einer Zeitung verantwortliche Personen bezieht sich Abschn. 5, wonach der Polizeirichter, wenn er der Meinung ist, daß die Beleidigung bewiesen, aber geringfügig ist, und wenn die angeklagte Person sich mit einem summarischen Verfahren einverstanden erklärt, die Befugnis hat, sie zu einer Geldstrafe von nicht mehr als

---

[1]) Siehe Anhang 4.

[2]) Der Begriff ‚Zeitung' ist hier in dem engen Sinn zu verstehen, den ihm das Gesetz von 1881 beilegt. Siehe unten S. 35 und Anh. 4.

£ 50 zu verurteilen. Fisher-Strahan[1]) und Dawson[2]) sind der Meinung, daß die eben besprochenen Vorschriften zum Schutze der Presse heute wenig praktischen Wert haben, da nach dem Law of Libel Amendment Act 1888 (Abschnitt 8)[3]) eine Anklage gegen Zeitungseigentümer, Verleger und Redakteure nur mit Erlaubnis eines High Court Richters erhoben werden kann und dieser kaum einer frivolen Beleidigungsklage stattgeben werde.

Die Einwendungen, die gegen Klagen wegen defamatory libels gemacht werden können, sind in der englischen Libellehre, namentlich in dem häufigeren Zivilverfahren, von so großer Bedeutung, daß sie unten (S. 15ff) gesondert behandelt werden.

2) Andere Libelarten:

Außer dem ‚Libel' im Sinne der schriftlichen Beleidigung einer Person gibt es noch drei Arten von Libels, die auch beim Preßrecht berücksichtigt werden müssen. Diese drei Arten können nur strafrechtlich verfolgt werden.

a) Sogenannte „seditious" Libels (aufrührerische Veröffentlichungen). Hierdurch werden Worte bezeichnet, die Haß, Verachtung oder Untreue gegenüber König, Regierung, Verfassung, Parlament usw. zu erzeugen geeignet sind. Angemessene Kritik und Reformbestrebungen auf gesetzliche Art fallen nicht darunter. Daß die Auffassungen über Äußerungen, die unter diese Bezeichnung fallen können, sehr von dem Zeitalter abhängen, in dem sie getan werden, liegt auf der Hand. Eine moderne Auffassung ist in der Entscheidung R. v. Aldred[4]) zu finden, bei der der Richter die Geschworenen in den folgenden Worten anredete: „Sie sind berechtigt, alle Umstände im Zusammenhang mit der Veröffentlichung zu betrachten, um zu beurteilen, ob die gebrauchten Worte geeignet waren, die behaupteten Resultate zu erzielen; d. h. sie sind berechtigt, die Adressaten der Worte in Betracht zu ziehen, denn Worte, die praktisch gesprochen, harmlos wären, wenn sie einer Versammlung von Geistlichen oder Professoren gegenüber ge-

[1]) S. 252.
[2]) S. 80.
[3]) Siehe Anhang 5.
[4]) (1909) 22 Cox C. C. p. 1.

braucht würden, könnten anders wirken, wenn sie vor aufgeregten jungen und ungebildeten Männern gesprochen würden." Es dürfe auch die öffentliche Stimmung in Betracht gezogen werden. Es wird weiter in dieser Rede auseinandergesetzt, daß jede Meinung frei geäußert werden dürfe, und zwar über den Staat, über Politik, „selbst über die Moral"; es dürfe gezeigt werden, daß Rebellionen, Morde usw. notwendig die Folge einer bestimmten Politik sein müßten, aber die Sprache dürfe nicht so gewählt sein, daß sie eine Aufreizung zu öffentlichen Unruhen, zu Gewalttätigkeiten usw. bilden könnte — dies sei der Kernpunkt; die Motive und Absichten des Schreibers seien dabei gleichgültig[1]).

Nicht als aufrührerisch gelten Worte, die geeignet sind, eine fremde Regierung verächtlich oder verhaßt[2]) zu machen; aber eine Aufreizung zu Gewalttaten darf in den Worten nicht enthalten sein[3]).

Eine schriftliche Beleidigung des Königs kann bestraft werden als „seditious" Libel, und bei dieser Form der Anklage ist es keine wirksame Verteidigung, wenn der Beschuldigte einwendet, daß die beanstandeten Worte wahr seien; aber die Fälle, in denen eine Beleidigung des Königs als „seditious Libel" verfolgt wurde, liegen mehr als ein Jahrhundert zurück. Als „sediticus libels", nicht nur als contempt of court[4]), können auch Beschimpfungen des Gerichts oder gerichtlicher Beamter bestraft werden — solche Fälle sind heute rar.

b) Blasphemous Libels (Gotteslästerung).

Das Vergehen liegt bei sachlicher Kritik oder Kontroverse in bezug auf religiöse Dinge nicht vor. Entscheidend ist, wie Lord Coleridge im Fall R. v. Ramsay & Foote 1883[5]) niederlegte: (Siehe auch den Fall Bowman v. Secular Society Ltd. 1917)[6]) „der böswillige Vorsatz, andere zu verleiten und zu beleidigen, indem Heiliges mutwillig und ausfallend be-

---

[1]) Auf die Schuld kommt es nicht an. Vgl. unten S. 15, 18, 23, 28, 48. Siehe auch Pardey S. 46 ff.

[2]) R. v. Antonelli (1906) 70 J. P. p. 4.

[3]) R. v. Most (1881) 7 Q. B. D. p. 244.

[4]) Siehe unten S. 46 ff.

[5]) (1883) 48 L. T. R. p. 733.

[6]) (1917) A. C. p. 406.

schimpft wird oder böswillig falsche Darstellungen gegeben oder listige Schlüsse gezogen werden, die geeignet sind, Unwissende und Unvorsichtige irrezuleiten." Bei Verurteilung des Verfassers, Druckers oder Verlegers eines seditious oder blasphemous Libels, können alle Exemplare der den Libel enthaltenden Druckschrift, die der Verurteilte oder ein anderer für ihn in Besitz hat, beschlagnahmt und vernichtet werden[1]).

c) Obscene Libels. (Obszöne Veröffentlichungen.) Diese können auch in Zeichnungen oder Photographien bestehen. Hier ist der Prüfstein. ob die Veröffentlichung geeignet ist, die öffentliche Moral ungünstig zu beeinflussen und solche Menschen, die unmoralischen Einflüssen zugänglich sind, zu verderben. Die zu erwartende objektive Wirkung ist das Entscheidende, nicht die Motive des Urhebers[2]).

Bei obszönen Libels gibt es ein summarisches Verfahren, wodurch der Veröffentlichung vorgebeugt werden kann. Nach einem Gesetz von 1857[3]) darf jeder, der Grund zur Annahme hat, daß obszönes Material verkauft, verteilt oder ausgestellt wird, eine dahingehende eidliche Erklärung vor einem Polizeirichter oder zwei Friedensrichtern abgeben. Wenn der Richter überzeugt ist, daß das Material im Rechtssinn obszön und daß mindestens ein Exemplar verkauft worden ist, so kann er die Beschlagnahme des Materials anordnen. Gelingt es dem Eigentümer nicht, den Richter zu überzeugen, daß das Material so beschaffen ist, daß sein Verkauf kein Vergehen wäre, so werden die Exemplare vernichtet. — Berufung an die ordentlichen Gerichte ist möglich[4]).

Gegen diese drei rein strafrechtlich verfolgbaren Libel-Kategorien kann der Angeklagte sich nur dadurch verteidigen, daß er nachweist, daß die veröffentlichten Worte nicht den ihnen beigelegten Sinn haben oder daß er weder als Verfasser noch als Drucker oder Verleger an der Veröffentlichung beteiligt ist. Die Verteidigungsgründe, die bei defamatory libel

---

[1]) Blasphemous and Seditious Libels Act. 1819/20 Sect I.

[2]) R. v. Hicklin (1868) L. R. 3 Q. B. p. 360.

[3]) Obscene Publications Act.

[4]) „Obszöne" Werke genießen keinen urheberrechtlichen Schutz. Im Falle Glyn v. Western Feature Film Co. (32 T. L. R. 235) 1915, sagte der Richter: „Es ist klar, daß kein Urheberrecht an einem Werk bestehen kann, dessen Tendenz so stark unmoralisch ist."

vorgebracht werden können (siehe unten) finden hier keine Anwendung.

Kein criminal Libel, aber ähnliche Vergehen sind solche, die gegen das Incitement to Mutiny Act 1797 und das Official Secrets Act (1911 und 1920) verstoßen. Ersteres bezieht sich auf Aufforderung an Heer oder Marine, den Dienstpflichten nicht nachzukommen und letzteres auf die Erhaltung, Mitteilung, Veröffentlichung usw. von amtlichen Geheimauskünften, Urkunden usw. — Haussuchungsbefehle können von Polizeirichtern erlassen werden, die Grund haben, ein derartiges Vergehen zu vermuten. In Notfällen, in denen ein Polizeisuperintendent den Staat für gefährdet hält, darf er einen Polizeibeamten beauftragen, ebenso vorzugehen, als wenn er vom Polizeirichter ermächtigt wäre. Beschlagnahme des betreffenden Materials ist hierbei gestattet. Zeitungen können hiervon betroffen werden, wenn unvorsichtig Auskünfte über militärische Angelegenheiten, Staatsverträge usw. erhalten oder veröffentlicht werden.

Es wurde oben, S. 12, auf die Bedeutung hingewiesen, die den Einwendungen gegen Beleidigungsklagen zukommt. Die drei Einwendungen, die gemacht werden können, sind 1. Justification, die verschieden ist im strafrechtlichen und im zivilrechtlichen Verfahren, 2. Privilege, 3. Fair Comment. Die zwei letzteren können auch in dem weniger häufigen Strafverfahren geltend gemacht werden[1]).

1. Sogenannte „Justification". Es ist schon erwähnt worden, daß bei Strafklagen wegen Beleidigung die Einwendung, daß die Behauptung wahr sei, nicht genügt, wenn nicht auch gezeigt werden kann, daß ihre Veröffentlichung im öffentlichen Interesse liegt. Bei einer Zivilklage ist der Nachweis der vollen Wahrheit der Behauptung erforderlich und ausreichend, um die Zurückweisung der Klage zu erzielen. Die Beweislast trifft den Beklagten; die Tatsache, daß er an die Wahrheit seiner Behauptung geglaubt hat, schützt ihn nicht. Unter voller Wahrheit ist auch die Wahrheit berechtigter Schlußfolgerungen zu verstehen. So wenn ein Einzelfall beschrieben wird, der wahr ist, aber mit einer Überschrift versehen

[1]) Es genügt nicht, wenn eingewendet wird, daß keine Beleidigungsabsicht vorgelegen habe. Näheres hierüber s. unten Kap. III (Verantwortlichkeit) S. 27 f.

wird, woraus der Leser auf häufige Wiederholung eines solchen Falls schließen kann[1]).

Bei Berichten über gerichtliche und polizeigerichtliche Verhandlungen wird vor Zeugenaussagen und andere Behauptungen meist das Wort „alleged" (angeblich) gesetzt, als Schutz gegen einen Beleidigungsprozeß für den Fall, daß die Behauptung nicht zutrifft. So sieht man auch nie (wenn kein Geständnis vorliegt), bei Verhaftung eines des Mordes Verdächtigen die Worte „arrest of the murderer" in der Zeitungsüberschrift, es heißt immer „alleged murderer"; bei den Verhandlungen heißt er der „accused" — bis zur Verurteilung würde sich die Zeitung einer Beleidigungsklage (neben der möglichen Bestrafung für „contempt" [siehe unten S. 46 ff.]) aussetzen, die ihn als Mörder bezeichnen würde.

Wird die Einwendung der „justification" gemacht und der Wahrheitsbeweis erfolglos versucht, so wird die vom Beklagten an den Beleidigten zu zahlende Entschädigung bei der Verurteilung meist höher gesetzt als es sonst der Fall gewesen wäre, da die Wiederholung des beleidigenden Stoffs vor Gericht eine weitere Belästigung des Beleidigten bedeutet.

2. Privilege. a) Absolute privilege.

Richter, Rechtsanwälte, Parteien, Zeugen, in der Ausübung ihrer gerichtlichen Funktion bzw. in ihren Aussagen vor Gericht, Parlamentsmitglieder im Laufe der Parlamentsverhandlungen, Zeugenaussagen vor einem Parlamentsausschuß, amtliche Mitteilungen eines Ministers an die Krone, eines Staatsbeamten an den anderen[2]), Berichte von militärischen oder Seeoffizieren an ihre Vorgesetzten, amtliche Mitteilungen über Acts of State im London Gazette und ähnliches sind „absolut privilegiert", d. h. keine dabei getane Äußerung darf als „Libel" gerichtlich geahndet oder auch nur in Frage gezogen werden[3]).

[1]) Beispiel: Überschrift, „Wie der Rechtsanwalt B. seine Klienten behandelt" über der Erzählung eines einzelnen wahren Begebnisses. Der Rechtsanwalt bekam eine Entschädigung, weil man aus der Überschrift unberechtigterweise eine Gewohnheit herauslesen konnte. (Bishop v. Latimer 4 L. T. R. p. 775.) (1861.)

[2]) Chatterton v. Sec. of State for India (1895) 2 Q. B. p. 189.

[3]) Nach einer während des Drucks dieser Arbeit gefällten Entscheidung der King's Bench Division sind auch absolut privilegiert die Mitteilungen eines Klienten an seinen Rechtsberater (solicitor). More v. Weaver, Times newsp. 8. 5. 1928.

Dieses Privilegs teilhaftig sind alle Berichte über parlamentarische Vorgänge, wenn sie auf Wunsch des Parlaments veröffentlicht werden, und wortgetreue Abschriften solcher Berichte, selbst wenn sie von nichtermächtigten Personen veröffentlicht werden[1]).

Nach Abschn. 3 des Law of Libel Amendment Act von 1888[2]) sind sachliche und korrekte, gleichzeitig mit dem Verfahren veröffentlichte Zeitungsberichte[3]) über öffentliche Gerichtsverfahren privilegiert, vorausgesetzt, daß sie nichts Gotteslästerliches oder Anstößiges enthalten. Dieses Privileg betrachten die meisten Juristen auch als absolut[4]). Daß hier Zweifel eher entstehen können als in den anderen eben erwähnten Fällen von „absolute privilege" liegt auf der Hand. Es kann zweifelhaft sein, welche Verfahren unter die gesetzliche Bezeichnung fallen, ob die Verhandlungen „öffentlich" sind, ob der Bericht sachlich und korrekt (fair and accurate) ist, was unter „gleichzeitiger Veröffentlichung" zu verstehen ist und ob etwas in dem Bericht Enthaltenes „gotteslästerlich" oder „anstößig" ist. Über alle diese Punkte gibt es Entscheidungen. Um die Verhandlung öffentlich zu machen, genügt es, daß die Öffentlichkeit nicht ausdrücklich ausgeschlossen wird[5]). Daß die Bezeichnung „Gericht" nicht eng aufzufassen ist, lehren die Entscheidungen Allbutt v. General Medical Council[6]) und Ryalls v. Leader[7]), „gleichzeitige" Berichterstattung heißt, nach Ansicht von Dawson[8]), in der nächsten Ausgabe der Zeitung, wobei ihm zweifelhaft ist, ob eine Sonntagszeitung noch über Verhandlungen des vergangenen Montags berichten dürfte. Die Entscheidung Kimber v. Press Assoc.[9]) hat gezeigt, daß der

---

[1]) Parliamentary Papers Act 1840. Siehe Anh. 1.

[2]) Siehe Anh. 5.

[3]) Hierbei ist zu bemerken, daß nach Abschn. 1 des Act von 1888 das Wort „newspaper" dieselbe Bedeutung hat wie im Act von 1881 (siehe unten S. 35 und Anh. 4), so daß viele Zeitschriften nicht darunter fallen.

[4]) Aber nicht alle. A. M. z. B. Odgers S. 325; siehe auch Kohlrausch S. 123.

[5]) Kimber v. Press Assocn. (1893) 1 Q. B. auf S. 73.

[6]) (1889) 23 Q. B. D. p. 400.

[7]) (1865) L. R. 1. Ex. p. 296.

[8]) S. 40. [9]) Supra Anm. 5.

Bericht nicht zusammenhängend zu erscheinen braucht. Über eine Gerichtsverhandlung, die mehrere Tage dauert, kann von Tag zu Tag während der Verhandlung vor der Entscheidung berichtet werden. Die Entscheidung muß mitgeteilt werden, wenn über die Verhandlungen berichtet wurde, ebenso müssen die Gegengründe der Verteidigung gebracht werden, wenn über die Anklage berichtet wurde. Diese letzte Forderung gehört auch unter den Gesichtspunkt „fair and accurate report", der am schwierigsten zu entscheiden ist. Da keine wörtliche Wiedergabe der Verhandlungen in den Zeitungen gebracht wird, so liegt die Gefahr einer subjektiven Färbung des Berichts durch den Berichterstatter nahe. Der Bericht als Ganzes muß ein ungefähres Bild der Verhandlungen wiedergeben — kleine Irrtümer können unerheblich sein, aber eine Parteilichkeit, die sich etwa durch detaillierte Wiedergabe der Angaben einer Partei und fast gänzliche Unterdrückung der Angaben der anderen Partei oder derartiges zeigte, würde die Entziehung des Schutzes „privilege" zur Folge haben. Zu der Zeitungswiedergabe darf keine Auskunft benutzt werden, die anders als durch die öffentliche Verhandlung zur Kenntnis des Berichterstatters gekommen ist, so z. B. keine Auskunft aus zufällig eingesehenen Urkunden und dergl.[1]).

b) Qualified privilege. In manchen anderen Fällen ist derjenige geschützt, der, in Erfüllung einer öffentlichen moralischen oder sozialen Pflicht, Äußerungen über einen anderen macht, die, so sehr er sie für berechtigt hält, sich später als „defamatory" herausstellen[2]). Diese Fälle sind nur geschützt, wenn die Äußerungen „without malice"[3]) — ohne boshafte Absicht — gemacht werden; es ist ein „bedingter Schutz" (qualified privilege).

---

[1]) Furniss v. Cambridge Daily News Ltd. (1907) 23 T. L. R. 705.

[2]) Diese Regel, die auf Common Law, nicht auf Gesetz beruht, ist neueren Datums. Vgl. die Entscheidung in Wason v. Walter (1868) L. R. 4 Q. B. 93, 94: „Unser Libelrecht ist in mancher Hinsicht erst allmählich einigermaßen befriedigend und stabil geworden. Die volle Freiheit derjenigen, die für die Öffentlichkeit schreiben, an dem Verhalten und den Motiven öffentlicher Persönlichkeiten Kritik zu üben, ist erst in allerneuester Zeit anerkannt worden."

[3]) d. i. „actual malice". Hier kommt es auf das Motiv an, nicht auf die objektive Wirkung. Näheres hierüber bei Pardey S. 48 ff. Vgl. auch oben S. 13, 15 und unten S. 23, 28, 48.

Wenn der Beschuldigte sich auf „privilege" oder „fair comment" zu seiner Verteidigung beruft, dann trifft die Beweislast über die boshafte Absicht den Kläger[1]) (werden diese Einwendungen nicht gemacht, so wird die boshafte Absicht vermutet, wenn die Beleidigung erwiesen ist)[2]).

Qualified privilege besteht z. B. bei einem Bericht, den ein Aktionär einer Gesellschaft über das Verhalten der Direktoren der Gesellschaft den anderen Aktionären zukommen läßt und ähnlichem[3]), aber der Schutz gilt nur insofern wie die Mitteilung an die berufenen Interessenten gemacht wird. Dieselbe Mitteilung, wenn sie etwa von einer Handelszeitung publiziert würde, könnte für Besitzer und Herausgeber der Zeitung und für den Aktionär eine Beleidigungsklage zur Folge haben. Zeitungsinhaber, Verleger, Drucker sind im selben Umfang geschützt wie der Verfasser: Ist dieser aus besonderen Umständen „privileged", eine bestimmte evtl. beleidigende Äußerung in einer Zeitung zu machen, so sind jene auch geschützt — überschreitet der Verfasser sein Privileg, wird ihm „malice" nachgewiesen, so sind die für die Zeitung Verantwortlichen mit haftbar, so z. B. der Drucker im Falle Smith v. Streatfeild[4]); ähnlich bei dem Beamten, der auf Befehl seiner Vorgesetzten handelt. Liegt bei diesen Malice vor, so ist jener für den von ihm auf Befehl veröffentlichten Libel haftbar[5]).

Qualified privilege ist auch in Fällen von Selbstverteidigung gegeben. Angriffe in Beantwortung eines vorangegangenen Angriffs sind in beschränktem Maße zulässig[6]). Sie dürfen den Rahmen des ursprünglichen Angriffs nicht überschreiten; so würde eine Antwort in der Zeitung auf eine Broschüre, die nur wenigen Menschen zugänglich gemacht wurde, nicht geschützt sein — eine Zeitungsantwort aber auf öffentliche Angriffe ist geschützt[7]). Die Gegen-Angriffe müssen sich auch streng im Rahmen einer Antwort auf den ursprünglichen Angriff halten und dürfen nicht etwa nicht damit zusam-

[1]) Ausnahme: Siehe unten S. 20.
[2]) Vgl. Kohlrausch S. 123 oben links c.
[3]) Quartz Hill Gold Mining Co. v. Beall (1882) 20 Ch. D. 501.
[4]) (1913) 3 K. B. 764.
[5]) Adam v. Ward (1917) A. C. 309.
[6]) König v. Ritchie (1862) 3 F. & F. 413.
[7]) Laughton v. Bishop of Sodor & Man (1872) L. R. 4 P. C. p. 495

menhängende beleidigende Äußerungen gegen den Angreifer enthalten[1]).

Bedingt geschützt sind auch Auszüge aus Parlamentspapieren[2]) (die selbst absolut privilegiert sind), welche bona fide und „without malice" publiziert sind. (Hier muß der Beklagte nachweisen, daß er „without malice" gehandelt hat, da diese Worte im Gesetz enthalten sind — in sonstigen Fällen von qualified privilege liegt, wie oben S. 19 schon gezeigt wurde, die Beweislast des „malice" beim Kläger.)

Ebenfalls bedingt geschützt sind Auszüge aus öffentlichen Registern und Urkunden, wobei das Privileg verloren geht, wenn der Auszug ungenau veröffentlicht wird.

Bedingt geschützt ist auch nach Abschn. 4 des Law of Libel Amendment Act 1888[3]) die Veröffentlichung auf Wunsch eines Regierungsbeamten usw. eines von ihm herausgegebenen Berichts zur Aufklärung der Öffentlichkeit; der Schutz geht verloren, wenn solche Veröffentlichung mit „Malice" geschieht.

Berichte über parlamentarische[4]) Verhandlungen, Sitzungen von Lokalbehörden und andere öffentliche Versammlungen sind bedingt privilegiert, d. h. sie sind gestattet, wenn keine „malice" vorliegt[5]). Im übrigen findet auf Berichte über parlamentarische Verhandlungen das schon über Berichte über Gerichtsverhandlungen Gesagte Anwendung, nur ist das Privileg nicht auf Berichte in einer „Zeitung" im schon definierten Sinn beschränkt; ferner brauchen Parlamentsberichte nicht „gleichzeitig" zu erscheinen.

Für Berichte über öffentliche Sitzungen ist Abschn. 4 des Act von 1888[6]) maßgebend. Hier wird bestimmt, daß es sich um einen Bericht in einem „newspaper" handeln muß, also um eine Zeitung, wie sie im Act von 1881 definiert wird[7]), ferner, daß der Bericht sachlich und korrekt (fair und accurate) sein muß; dieses Erfordernis ist schon S. 17 f. bei der Besprechung

---

[1]) Vgl. Dawson S. 30.

[2]) Parliamentary Papers Act 1840. Abschn. 3. Siehe Anh. 1, vgl. unten S. 54.

[3]) Siehe Anh. 5.

[4]) Wason v. Walter (1868) L. R. 4 Q. B. p. 73.

[5]) Vgl. auch unten S. 55.

[6]) Anh. 5.

[7]) S. unten S. 35 u. Anh. 4.

von Berichten über Gerichtsverhandlungen erläutert worden; das in dem Bericht Enthaltene muß von öffentlichem Interesse und zum öffentlichen Wohl veröffentlicht sein. Hierbei muß beurteilt werden, ob alles, was bei der Versammlung gesagt worden ist, hierunter fällt, es kann sein, daß der Hauptzweck einer Versammlung von öffentlichem Interesse ist, daß aber bei den Beratungen persönlich Beleidigendes gesagt wird, was nicht zur Sache gehört. Wird so etwas mit veröffentlicht, so sind die an der Veröffentlichung Beteiligten nicht geschützt. Findet das Gericht aber, daß persönlich herabwürdigende Bemerkungen, die bei der Versammlung gemacht worden sind, zur Sache gehören und von öffentlichem Interesse sind, so sind sie geschützt. Ob die Veröffentlichung der beanstandeten Worte sachlich berechtigt ist oder nicht, wird als Rechtsfrage vom Richter und nicht etwa als Tatsachenfrage von den Geschworenen entschieden[1])

Die eben besprochene Bestimmung, wonach die einzelnen Reden der Beteiligten einer Versammlung daraufhin geprüft werden müssen, ob ihre Veröffentlichung zum öffentlichen Wohl sei, macht die Berichterstattung über öffentliche Versammlungen schwieriger als die über Gerichts- oder Parlamentsverhandlungen, denn bei diesen ist, wie schon erläutert wurde, keine derartige Prüfung erforderlich.

Der Bericht über öffentliche Versammlungen muß frei von Malice sein, wobei die Beweislast auf dem Kläger ruht. Gotteslästerliches oder Anstößiges darf der Bericht nicht enthalten.

Der Schutz geht ferner verloren, wenn ein für die Veröffentlichung des Berichts Verantwortlicher es ablehnt, einen angemessenen Brief in die Zeitung zu setzen, um beanstandete Teile des Berichts zu berichtigen. Unter „angemessen" (reasonable) ist sowohl eine unter den Umständen angemessene Länge des Briefes zu verstehen, als auch, daß der Inhalt kein neues beleidigendes Material bringt und daß der Brief an ebenso sichtbarer Stelle in der Zeitung angebracht wird wie der beanstandete Bericht[2]).

Es entspricht durchaus dem Charakter des englischen Rechts, daß für die Berichtigung keine genaueren Vorschriften

---

[1]) Venables v. Fitt (1888); besprochen 86 L. T. Journal 104 (vom 8. Dez. 1888).

[2]) Dawson S. 44.

gemacht werden. Mit Hilfe des Wortes „reasonable“ hat der Richter das unter den Umständen Angemessene zu finden.

Zum Schutz solcher Berichte ist weiter erforderlich, daß die Versammlung selbst unter gesetzlich gestatteten Umständen (z. B. nicht auf eine gegen Polizeivorschriften verstoßende Weise), zum gesetzlich gestatteten Zweck (ein Bericht über eine aufrührerische Versammlung wäre nicht geschützt) und zur Förderung oder Besprechung einer Angelegenheit von öffentlichem Interesse abgehalten wurde.

3. Fair Comment.

Im Gegensatz zu „Privilege“, bei dem der Schutz bei bestimmten Gelegenheiten oder einer bestimmten Gruppe von Personen gewährt wird, steht das Recht eines jeden Menschen, über alle Angelegenheiten öffentlichen Interesses eine angemessene sachliche („fair“) Kritik abzugeben[1]). Hier muß aber der Beklagte beweisen, daß seine Kritik unter den Schutz fällt, daß sie „fair“ ist, es braucht ihm nicht nachgewiesen zu werden, daß sie es nicht ist. Von besonderem Interesse ist eine neuere Entscheidung[2]), die zeigt, daß es nicht im Geiste des englischen Rechts liegt, für die Presse ein Sonderrecht zu schaffen: das Recht des „fair comment“ steht jedem zu. Die betreffende Entscheidung enthält die Stelle: „Ich bin mit allem einverstanden, was darüber gesagt wurde, daß Zeitungen kein größeres Recht zustehe, Kritik zu üben, als anderen Personen. Ich halte es für durchaus notwendig, den Grundsatz aufrecht zu erhalten, daß eine Zeitung kein größeres Recht habe, sich über eine Angelegenheit zu äußern, als ein anderes Individuum. Das Gegenteil wird häufig behauptet, und ich halte es für notwendig, ganz klarzustellen, daß einer Zeitung kein derartiges Recht zustehe[3]).

Was von „öffentlichem Interesse“ ist, kann manchmal zweifelhaft sein; das Verhalten von öffentlich angestellten Personen oder von solchen, die an öffentlichen Angelegenheiten beteiligt sind, ist von öffentlichem Interesse nur insoweit, als es das

---

[1]) Es besteht kein Sonderprivileg der Zeitungen in dieser Hinsicht. Russell S. 1016.

[2]) Neville v. Dominion of Canada News Co. (1915) 3 K. B. 566.

[3]) Siehe auch S. 2 oben.

öffentliche Amt oder die öffentliche Angelegenheit betrifft; eine Kritik des Privatlebens solcher Personen fällt nicht unter den Schutz. Bei Gerichtsverhandlungen ist der Schutz nur wirksam nach Beendigung des Falls; Äußerungen über ihn während der Verhandlungen können als „contempt of court" (siehe unten S. 46 ff.) leicht strafrechtliche Folgen nach sich ziehen. Bücher, Bilder, Vorstellungen, Reklamen, selbst die Angelegenheiten einer Privatgesellschaft, wenn viele Leute daran interessiert sind, können von legitimem öffentlichem Interesse sein.

Schwieriger ist die Frage zu beantworten: Was ist „f a i r" (angemessen, sachlich)? Sie muß immer ad hoc für den Einzelfall entschieden werden. Ihre Entscheidung liegt den Geschworenen ob, aber diese dürfen nicht ihre eigene Meinung über die kritisierte Sache als Maßstab anlegen[1]). Der Maßstab muß sein: „Würde ein gerechtdenkender Mann, welche Vorurteile auch immer er hegen mag, wie übertrieben und eigensinnig auch seine Ansichten sein mögen, von dem kritisierten Werk das gesagt haben, was diese Kritik gesagt hat[2])?" In dem einen der zitierten Fälle (Merivale v. Carson) wurde der Beklagte verurteilt, da die Beschreibung der Ehefrau in dem kritisierten Stück so ausgelegt werden könnte, als ob sie ehebrecherisch sei, während in der Tat kein Ehebruch im Stück vorkäme — dies sei keine faire Kritik. In dem anderen zitierten Fall (Mcquire v. Western Morning News Co.) hat der Kritiker das Stück, die Spieler usw. mit sehr scharfen Worten bedacht, die aber geschützt wurden, da man nicht sagen könne, daß sie die Grenzen des „fair" comment überschritten hätten — einfache Übertreibung sei keine Überschreitung. „Malice" darf nicht vorliegen, dieselbe scharfe Kritik, die den Schutz des „fair comment" genießen würde, wenn sie ohne boshafte Absicht in rein sachlicher Wertung veröffentlicht würde, wird nicht geschützt, wenn nachgewiesen werden kann, daß ein u n s a c h l i c h e r „malitiöser" Beweggrund bei der Veröffentlichung vorgelegen hat[3]). (Beweislast liegt wieder beim Kläger.)

---

[1]) Mcquire v. Western Morning News Co. (1903) 2 K. B. 109.

[2]) Merivale v. Carson (1887) 20 Q. B. D. 280.

[3]) Thomas v. Bradbury, Agnew & Co. Ltd. (1906) 2 K. B. 627. „Die bewiesene boshafte Absicht (malice) kann eine an sich faire Kritik des Schutzes ‚fair comment' entheben, genau wie eine an sich privilegierte Mitteilung bei erwiesener malice nicht mehr privilegiert ist." Vgl. oben S. 13, 15, 18 und unten S. 28, 48.

Zusammenfassend kann man als ungefähre Richtlinie angeben, daß eine Kritik als „fair“ angesehen wird, sei sie noch so scharf, wenn in ihr nichts Falsches über das Kritisierte enthalten oder aus ihr nichts Falsches zu entnehmen ist, und wenn sie nicht in boshafter Absicht geschrieben oder veröffentlicht ist. Die Kritik muß sich auf das Werk beschränken — eine persönliche Kränkung des Autors wäre eine Überschreitung.

Was die Tatsachen anbelangt, die kritisiert werden, so müssen sie klar von der Kritik unterschieden werden: d. h. dem Leser muß ersichtlich sein, was Tatsache und was subjektive Ansicht des Autors ist, sonst kann der Schutz des „fair comment“ versagen[1]). Die Tatsachen müssen ferner entweder nachweislich wahr sein, oder vom Kläger selbst behauptet oder einem privilegierten Bericht oder einer privilegierten Urkunde entnommen sein. Faßt der Kommentar aber den Inhalt des betreffenden privilegierten Berichts in dem Artikel zusammen, in dem der beanstandete Kommentar enthalten ist, so darf, wenn der Schutz des fair comment wirksam sein soll, die Zusammenfassung weder subjektiv gefärbt sein, noch darf sie so erscheinen, als gehöre sie zum Kommentar — sie muß objektiv und ersichtlich als Wiedergabe dastehen. Sind diese Bedingungen erfüllt, so kann der Kritiker nicht für unwahre Tatsachen verantwortlich gemacht werden, die beispielsweise in einem Parlamentsbericht enthalten sind, auch wenn er seine eigene Meinung zu diesen unwahren Tatsachen äußert[2]).

---

[1]) Hunt v. The Star Newspaper Co. Ltd. (1908) 2 K. B. 319.

[2]) Mangena v. Wright (1909) 2 K. B. 958. Die Einwendung, daß die beanstandeten Worte „fair comment“ darstellen, wird häufig in folgender Form gemacht: „Insoweit wie die genannten Worte Angaben von Tatsachen sind, sind sie in ihrer natürlichen und üblichen Bedeutung wahr (dem Wesen der Sache und den Tatsachen entsprechend: true in substance and in fact) und insoweit wie die genannten Worte aus Meinungsäußerungen bestehen, sind sie ‚fair comment‘ (der im guten Glauben und ohne ‚malice‘ zum Wohle des Publikums gemacht wurde) über die genannten Tatsachen, die von öffentlichem Interesse sind.“ Diese Form macht die Einwendung nicht zu einer gemischten (justification and fair comment), auch in dieser Form fällt die Einwendung nur unter „fair comment“, und der Beklagte ist nicht gezwungen, zu erklären, welche seiner Worte Angaben von Tatsachen sind. Die Beurteilung ist den Geschworenen überlassen. (Aga Khan v. Times Publ. Co. [1924] 1 K. B. 675; Sutherland and others v. Stopes [1925] A. C. 47.)

Eine ähnliche Behandlung wie die Klagen wegen „defamatory libel" erfahren Klagen auf Grund von gedruckten oder sonst verbreiteten[1]) Worten, die zwar nicht beleidigend sind, aber Schaden verursachen[2]). In diesen Fällen liegt es dem Kläger ob, nachzuweisen: 1. den Spezialschaden, den er erlitten hat; 2. die Unwahrheit der Behauptung (beim defamatory libel muß der Beklagte die Wahrheit beweisen); und 3., daß die Behauptung boshaft oder ohne angemessenen Grund aufgestellt worden ist. Strafklagen sind hier unzulässig.

Unter diese Kategorie von Klagen fallen zwei Klassen von Behauptungen:

1. Eine Behauptung, dahingehend, daß es zweifelhaft sei, ob ein Genannter rechtmäßiger Eigentümer seines Immobiliar- oder Mobiliarguts sei. (Auch genannt: s l a n d e r o f t i t l e.)

Wenn, infolge solcher Worte, Kosten entstehen (indem z. B. Legitimitätspapiere herbeigeschafft werden müssen, um einer Behauptung der Illegitimität des schon besitzenden Erben entgegenzutreten[3]), oder der Wert des Guts nachweisbar als Folge von der beanstandeten Behauptung gesunken oder gar infolge der Behauptung dem Eigentümer von einem Dritten weggenommen worden ist, oder ein angehender Käufer infolge der Behauptung vom Kauf abgesehen hat[4]), dann wird Entschädigung gewährt. Es genügt nicht, daß m ö g l i c h e r w e i s e die Behauptung einen Geldverlust zur Folge haben könnte[5]), der Verlust muß erwiesen sein. Wenn derjenige, der die Behauptung aufstellt, an die Wahrheit der Behauptung glaubt, wird keine Entschädigung gewährt[6]).

2. Wenn eine Behauptung gedruckt oder sonst verbreitet wird, in der a) die Ware eines Dritten als minderwertig bezeichnet wird, oder b) mit gerichtlicher Verfolgung gedroht wird, oder c) etwas anderes enthalten ist, was dem Handel eines Dritten Schaden verursacht, ohne eine Beleidigung zu sein, dann fällt sie, wenn sie zudem noch unwahr und ohne recht-

---

[1]) Auch die mündliche Verbreitung, die hier nicht interessiert, kann verfolgt werden.

[2]) Vgl. „Kreditverleumdung" des deutschen Rechts, § 824 BGB.

[3]) Elborow v. Allen (1623) Cro. Jac. p. 642, 79 Eng. Rep. 553.

[4]) Atkins v. Perrin 3 F. & F. p. 179. (1862).

[5]) Dicks v. Brooks (1880) 15 Ch. D. p. 22.

[6]) Steward v. Young (1870) L. R. 5 C. P. p. 122.

liche Veranlassung (without lawful occasion) erfolgt ist, in die Klasse der „trade libels".

Bei a) ist schwer zu unterscheiden zwischen erlaubter Reklame, wobei die eigene Ware im Gegensatz zu der Ware anderer gelobt wird und unerlaubter Bemängelung der Ware Dritter[1]). Im allgemeinen ist es statthaft, zu behaupten, daß die eigene Ware besser ist als die Ware anderer, aber es dürfen nicht spezielle, unwahre Behauptungen über die Ware anderer aufgestellt werden.

b) Wenn mit einem Gerichtsverfahren gedroht wird für den Fall, daß bestimmte Waren (angeblich vom Bedroher patentiert) von anderen weiter verkauft werden (vgl. Patents & Designs Act 1907 und S. 58 unten) oder wegen angeblich unerlaubten Gebrauchs einer Firmenbezeichnung oder dergl., so kann der Bedroher auf Schadensersatz verklagt werden, wenn die Drohung Verluste für den Bedrohten nach sich gezogen hat. Wenn die Drohung unter den Patents & Designs Act fällt, dann kann nicht geklagt werden, wenn der Bedroher das angedrohte Gerichtsverfahren wirklich einleitet. Tut er das aber nicht und wird er wegen der Bedrohung verklagt, so kann er sich nur verteidigen, indem er nachweist, daß sein Patent wirklich verletzt worden ist[2]). In anderen Fällen von Bedrohung dieser Art wird der Kläger regelmäßig nachzuweisen haben, daß das angedrohte Gerichtsverfahren tatsächlich nicht beabsichtigt war[3]).

c) Hierunter fallen in der Regel „schwarze Listen" oder falsche Mitteilungen, daß ein Genannter sich vom Geschäft zurückzieht oder ähnliches[4]). Von schwarzen Listen sagt Dawson[5]): „Ganz abgesehen von der „Libel"frage können sie gerichtlich verfolgbar sein als „Verschwörung, um auf unerlaubtem Wege Schaden zuzufügen (conspiracy to injure by unlawful means); und Drucker und Zeitungen sollten sich nur mit ihrer Verbreitung befassen, wenn sie in Kenntnis aller Tatsachen sind, ins-

---

[1]) Western Counties Manure Co. v. Lowes Chemical Manure Co. (1874) L. R. 9 Ex. p. 218; Hubbock & Sons Ltd. v. Wilkinson, Hayward & Clarke Ltd. (1889) 1 Q. B. p. 86; Young & Others v. Macrae (1862) 3 B. & S. 264, 122 Eng. Rep. 100.

[2]) Skinner v. Shew & Co. (1893) 1 Ch. p. 413.

[3]) Dawson S. 64.

[4]) Ratcliff v. Evans (1892) 2 Q. B. 524.

[5]) S. 65.

besondere der die Parteien beseelenden Motive, und nachdem sie sich in bezug auf die vorgeschlagene Veröffentlichung Rechtsauskunft eingeholt haben."

Die Entschädigungsfrage beim Libelrecht, die von großer Bedeutung ist, wird unten unter III. besprochen.

III. Verantwortlichkeit für durch die Presse begangene strafbare und zivilrechtlich verfolgbare Handlungen; Entschädigung.

Einzelne Sondervorschriften über die Verantwortlichkeit für durch die Presse begangene strafbare Handlungen sind oben unter II (siehe Seiten 10, 11) schon besprochen worden. Bei der Bemessung der Verantwortung der verschiedenen bei einer Veröffentlichung beteiligten Personen sind wiederum im wesentlichen die Grundsätze des Libelrechts das Ausschlaggebende. Das Grundprinzip beim Libel ist, daß alle Beteiligten sowohl zivil-, als auch strafrechtlich für einen begangenen Libel verantwortlich gemacht werden können. Man kann gegen alle oder gegen einzelne, nur zivil- oder nur strafrechtlich oder auch sowohl zivil-, als auch strafrechtlich vorgehen. In der Praxis wird in der Regel zivilrechtlich gegen alle vorgegangen, um von allen Entschädigung zu erlangen und strafrechtlich — soweit strafrechtlich überhaupt vorgegangen wird (wie schon dargelegt wurde, gehören strafrechtliche Verfahren gegen Zeitungen heute zu den Seltenheiten) — gegen denjenigen, den die größte Schuld trifft. Verantwortlich für „Libels" in Zeitungen und Druckschriften — gleichgültig ob im redaktionellen oder im Anzeigenteil — sind der Zeitungseigentümer, die Verleger, der Redakteur und der Drucker, ebenso der Verfasser, wenn dieser nicht nachweisen kann, daß die Veröffentlichung ohne seine Erlaubnis geschehen ist. Eigentümer, Verleger, Redakteur, Drucker sind alle verantwortlich, auch, wenn sie nicht wußten, daß das beleidigende Material in der Druckschrift enthalten war oder nicht wußten, daß die beanstandete Stelle oder Anzeige eine beleidigende Bedeutung hat[1]).

---

[1]) Citizens' Life Assurance Co. Ltd. v. Brown 1904. A. C. 423. Noch klarer beweist dieses Prinzip der schottische Fall Morrison v. Ritchie (4 Ct. of Session Cases 645) (1902), in dem es sich darum handelte, daß eine scheinbar harmlose Geburtsanzeige in die Zeitung gesetzt worden war. Die Anzeige war nicht nur erlogen, sondern war be-

Im Fall Hulton & Co. v. Jones[1]) wurden die Verleger einer Zeitung (die gleichzeitig Eigentümer waren) aus folgendem Grunde wegen Libels verurteilt: In der Zeitung war ein Artikel erschienen, in dem das Verhalten verschiedener Typen von Engländern im Ausland beschrieben wurde. Der Autor benutzte fiktive Namen für seine Typen, unter anderem einen etwas ungewöhnlichen (Artemus Jones), der zufällig von einer wirklichen Person getragen wurde. Diese Person fühlte sich verletzt und klagte. Es wurde nachgewiesen, daß der Autor den Namen erfunden und daß keiner der Beteiligten den Kläger gemeint hatte. Da aber der unparteiische Leser denken konnte, daß der Kläger gemeint war, drang dieser mit seiner Klage durch. So ist das geltende Recht, aber zum Schutze der Presse, insbesondere gegen Erpressungen in solchen Fällen ist im Frühjahr 1927 dem Unterhaus ein Gesetzesentwurf vorgelegt worden, wonach es ein wirksamer Schutz sein soll, wenn eingewendet und nachgewiesen wird, daß der Urheber den Kläger nicht gekannt und nicht gemeint hat. Über diesen Entwurf berät zur Zeit ein gemeinsamer Ausschuß beider Parlamentshäuser[2]).

Von der strafrechtlichen (nicht der zivilrechtlichen) Verantwortung können, wie oben (S. 10) schon dargelegt wurde, der Zeitungseigentümer, der Redakteur oder andere Beschuldigte befreit werden, wenn sie die Geschworenen davon überzeugen können, daß der beleidigende Stoff ohne ihr Wissen und Zutun (unter Anwendung der erforderlichen Sorgfalt) in die Druckschrift gekommen ist (Abschn. 7 von Lord Campbells Libel Act 1843)[3]).

---

leidigend, da die angebliche Mutter erst einen Monat verheiratet war. Obgleich die Tatsachen den Herausgebern der Zeitung nicht bekannt sein konnten, wurden diese verurteilt, Entschädigung zu zahlen: auf die Absicht kommt es nicht an. Vgl. oben S. 13, 15, 18, 23 und unten S. 48.

[1]) A. C. 20 (1910).

[2]) Während des Druckes der vorliegenden Arbeit ist der Ausschußbericht erschienen (Report from the Joint Select Committee on the Law of Libel Amendment Bill, printed and published by His Majesty's Stationery Office, 1928). Der Ausschuß verneint die Notwendigkeit einer Gesetzesänderung. So bleibt es dabei, daß in solchem Fall das subjektive Moment gleichgültig ist. Auf die Schuld kommt es hier nicht an. Vgl. oben S. 13, 18, 23, unten S. 48.

[3]) Siehe Anh. 2.

Eine allgemeine Regel über das, was als erforderliche Sorgfalt anzusehen ist, gibt es nicht. Im Falle R. v. Ramsay & Foote[1]) wurde entschieden, daß der Redakteur nicht schon deswegen strafbar sei, weil er zur Zeit der Veröffentlichung die Zeitung redigierte: zur Strafbarkeit hätte nachgewiesen werden müssen, daß er die Veröffentlichung des Libel genehmigt hatte. Aber dies ist nicht als allgemeine Norm anzusehen. Der Tatbestand wird auf die Verantwortlichkeit des Einzelnen hin in jedem Fall von neuem gewertet.

Darüber, daß alle Einwendungen, die der Verfasser des beanstandeten Stoffs zu seiner Verteidigung vorbringen kann — privilege, fair comment usw. —, auch für den Zeitungseigentümer, Redakteur usw. gelten, wurde oben S. 19 schon berichtet[2]).

Enthält die beanstandete Stelle keinen Libel, sondern contempt of court, so haften neben dem Verfasser ebenfalls Eigentümer, Verleger, Redakteur und Meisterdrucker. (Vgl. hierüber unten S. 46 ff.). Ähnlich bei Vergehen gegen das Judicial Proceedings (Regulation of Reports) Act 1926[3]). (Siehe unten S. 53 f.), gegen das Lotteriegesetz (s. unten S. 51), das Rennwettgesetz (s. unten S. 52) usw. Wegen Vergehens gegen die Vorschrift, daß gedrucktes Material Namen und Adresse des Druckers tragen muß (s. unten S. 34 und Anh. 3), haften nicht nur der Drucker, sondern auch alle an der Veröffentlichung und Verteilung Beteiligten.

Bei „slander of title" (siehe oben S. 25) werden die schädigenden Worte manchmal im Anzeigenteil eingesetzt. In solchem Fall, da „malice" nachgewiesen werden muß, um Entschädigung zu erzielen, wird in der Regel nur gegen den geklagt, der die Anzeige eingesetzt hat, nicht gegen Eigentümer, Drucker oder Redakteur.

Wenn nach Abschn. 36 des Patents & Designs Act 1907 (oben S. 26 und unten S. 58) eine Klage eingeleitet wird wegen Bedrohung mit Gerichtsverfahren, so kann nur derjenige verklagt werden, der die Anzeige eingesetzt oder Mittei-

---

[1]) (1883) 48 L. T. R. 733.

[2]) Keine Verantwortlichkeit des Verfassers für die Publikation verbotener Einzelheiten nach dem Judicial Proceedings Act. 1926. S. unten S. 53.

[3]) Siehe Anh. 13.

lung gemacht hat, nicht der Drucker, Eigentümer oder Herausgeber der beteiligten Zeitung.

Eine Aktiengesellschaft haftet für Libels ihrer Direktoren oder Angestellten in der Ausübung ihrer Gesellschaftspflichten; eine Gewerkschaft dagegen kann wegen Libels nicht verklagt werden[1]), aber der Gewerkschaftsbeamte, der den Libel schreibt oder veröffentlicht, kann persönlich zur Verantwortung gezogen werden, ohne einwenden zu können, daß er als Beauftragter der Gewerkschaft gehandelt habe. Die Treuhänder einer Gewerkschaft, die eine Zeitung besitzt, können wegen darin erscheinender Libels verklagt werden[2]), es sei denn, daß die Libels im Hinblick auf eine Gewerbestreitigkeit veröffentlicht wurden[3]).

Etwas anders als bei Zeitungseigentümern, Redakteuren, Verlegern und Druckern liegt es bei den Verteilern der Druckerzeugnisse: den Engrosverkäufern, den Detaillisten, Leihbibliotheken usw. Eine „Veröffentlichung" eines Libels begehen diese auch, indem sie den beleidigenden Stoff weiteren Personen zugänglich machen. Sie sind aber (auch zivilrechtlich) nicht verantwortlich, wenn sie schuldlos nicht wußten, daß die Druckschrift Beleidigendes enthielt[4]). Inwieweit sie verpflichtet sind, sich über den Inhalt der von ihnen verbreiteten Druckschriften zu orientieren, steht nicht fest. Im Falle Vizetelly v. Mudie's Select Library Limited[5]) war es klar, daß die Beklagten verurteilt werden mußten, da sie die beanstandeten Bücher weiter verkauft hatten, obgleich die Verleger bekanntgegeben hatten, daß die Exemplare eingezogen werden sollten. Eine generelle Verpflichtung der Verkäufer, alles, was sie an Druckmaterial verkaufen, zu lesen oder lesen zu lassen, besteht nicht. Vorsicht ist aber bei solchen Publikationen geboten, von denen sie wissen, oder wissen müssen, daß sie aus einer Quelle stammen, bei der ein beleidigender Inhalt zu den Wahrscheinlichkeiten gehört[6]).

Am 23. Juni 1927 ist im Kings Bench Division der Fall

---

[1]) Vacher v. London Soc. of Compositors and Others (1913) A. C. 107.

[2]) Linaker v. Pilcher (1901) 84 L. T. R. 421.

[3]) Trade Disputes Act 1906, Sect. 5.

[4]) Dawson S. 20; Emmens v. Pottle (1885) 16 Q. B. D. 354.

[5]) 2 Q. B. (1900) p. 170.

[6]) Dawson S. 21.

Batten v. Pall Mall Deposit and Forwarding Company, Limited[1]) verhandelt worden. Hier hatten die Beklagten eine Zeitung („Variety") verkauft, die einen Libel über den Kläger enthielt. Die Beklagten wandten ein, daß sie ohne Schuld nicht gewußt hätten, daß Beleidigendes in der Zeitung enthalten sei und diese im Verlauf ihres üblichen Geschäftsbetriebs verbreitet hätten. Da man den Beklagten aber mitgeteilt hatte, daß in der vorangehenden Nummer der Zeitung Beleidigendes enthalten war, wurde Fahrlässigkeit angenommen, und sie wurden verurteilt, £ 100 Entschädigung zu zahlen. — Bemerkenswert ist noch, daß der Richter in seiner Belehrung an die Geschworenen andeutete, daß es heilsam wirken würde, wenn die Verkäufer von Druckschriften in jedem Fall verpflichtet würden, alles, was sie verkaufen, auf beleidigenden Inhalt hin zu prüfen, man sei aber an die mildere Auffassung der früheren Entscheidungen gebunden. Das Urteil ist vom Court of Appeal bestätigt worden[2]).

Bei den Zivilklagen haften, wie schon gezeigt wurde, alle an der Veröffentlichung eines Libels beteiligten Personen: der Beleidigte kann gegen einen, gegen einige oder gegen alle zusammen vorgehen. Wenn mehrere Beklagte an einem solchen Prozeß beteiligt sind, so kann, nachdem vom Gericht die Entschädigungssumme festgesetzt worden ist, der Kläger wählen, welcher (oder welche) von den Beklagten sie ihm zahlen soll. Unter Umständen muß also der weniger Schuldige aber zahlungsfähigere Drucker die ganze Entschädigung entrichten[3]). Aber der Kläger ist insofern eingeschränkt, als er nach erfolgter Entscheidung nun nicht mehr gegen etwaige Mitbeteiligte vorgehen kann, die er zunächst nicht verklagt hatte. Die etwaige Zahlungsunfähigkeit der Verurteilten würde ihn nicht berechtigen, gegen die übrigen eine neue Klage wegen derselben Tat anzustrengen. Verträge, wodurch sich Zeitungseigentümer dem Drucker gegenüber verpflichten, diesen in bezug auf etwaige Libelklagen schadlos zu halten, die aus dem Drucken ihrer Zeitung erwachsen können, sind nichtig[4]).

Die Entschädigung wird von den Geschworenen bemessen, die den Schaden im allgemeinen und im speziellen zu berück-

---

[1]) Times Newspaper, June 24, 1927.

[2]) Times Newspaper, Nov. 19, 1927.

[3]) Dawson S. 68.

[4]) W. H. Smith & Sons v. Clinton & Harris (1908). 99 L. T. R. 840.

sichtigen haben. Den allgemeinen Schaden, der ihm durch die beleidigende Veröffentlichung erwachsen ist, braucht der Kläger nicht nachzuweisen — besondere pekuniäre Verluste oder Nachteile müssen bewiesen werden. Zu berücksichtigen sind bei der Festsetzung der Summe, neben dem Grad der Beleidigung, die Stellung des Klägers und alle Nebenumstände, die Haltung des Beklagten (Beharren bei der Beleidigung oder im Gegenteil spätere Entschuldigung), die Verbreitung der Zeitung usw. Es kommt vor einerseits, daß nur ein „farthing" Entschädigung gewährt wird, nämlich wenn zwar der Libel erwiesen, aber der Kläger einen schlechten Ruf hat oder dergl., andererseits, daß Entschädigung gewährt wird über den vom Kläger erlittenen Schaden hinaus, nämlich wenn der Beklagte nach Ansicht der Geschworenen durch die Entschädigungssumme für sein frivoles Vorbringen ernster Beschuldigungen bestraft werden soll.

Einige typisch wiederkehrende Umstände müssen von den Geschworenen als mildernd (bei der Berechnung der Entschädigung) angesehen werden. So, wenn der Beklagte einwendet, daß das beanstandete Material von einer anderen Zeitung abgeschrieben oder von einer anderen Person mitgeteilt wurde und daß dieser Umstand zusammen mit dem Material selbst mitgeteilt wurde[1])

Nach Abschnitten 5 und 6 des Law of Libel Amendment Act 1888[2]) ist es nicht mehr möglich, verschiedene Zeitungen nebeneinander oder nacheinander wegen (im wesentlichen) desselben Libels zu verklagen. Abschn. 5 sieht eine Konsolidierung derartiger Klagen vor, wobei die Geschworenen die zu zahlende Entschädigungssumme unter den Beklagten zu verteilen haben. Den Schutz dieses Paragraphen genießen alle Zeitungen und Zeitschriften. Abschnitt 6 gestattet dem Beklagten, zur Entschädigungsmilderung einzuwenden, daß der Kläger aus anderen Klagen wegen im wesentlichen desselben Libels bereits Entschädigung erhalten habe oder zu erhalten suche. Dieser Schutz deckt nur Zeitungen in dem im Newspaper Libel and Registration Act[3]) definierten Sinn.

---

[1]) Hunt v. Algar (1833) 6 C. & P. 245.

[2]) Anh. 5.

[3]) s. Anh. 4 und S. 35 unten.

Zur Milderung der Entschädigung ist es nach Abschn. 1 von Lord Campbell's Libel Act (1843)[1]) dem Beklagten gestattet, nachzuweisen, daß er vor Anfang des Verfahrens oder unverzüglich danach dem Kläger eine Entschuldigung geboten habe, wenn er vorher dem Kläger schriftliche Mitteilung macht, daß er diesen Nachweis erbringen wolle.

Nach Abschn. 2 desselben Gesetzes darf der Beklagte — sofern es sich um einen in einer Zeitung oder sonstigen periodischen Veröffentlichung erschienenen libel handelt — einwenden, daß der libel ohne „actual malice“ und ohne grobe Fahrlässigkeit eingesetzt wurde, ferner, daß er baldmöglichst eine Entschuldigung in seiner Zeitung veröffentlicht oder, sofern seine Zeitung seltener als alle Woche erscheint, in einer vom Kläger gewählten Zeitung zu veröffentlichen angeboten habe und (nach dem Libel Act 1845) zur Wiedergutmachung dem Gericht eine Summe eingezahlt habe. Jede so angegebene Einzelheit muß bewiesen werden, sonst nützt dem Beklagten die Einzahlung nichts. Den Geschworenen wird die Tatsache der Einzahlung vor dem Urteil nicht mitgeteilt[2]).

IV.

Es besteht in England **kein Zwang, einen besonderen verantwortlichen Redakteur oder Verleger zu bestellen.** Eine Möglichkeit zu verhindern, daß Ausländer solche Posten bekleiden, ist nicht gegeben, auch nicht im Wege des Verwaltungsrechts durch Regierungs- oder Verwaltungsmaßnahmen. Behördliche Genehmigung oder Voranzeige oder nachträgliche Nennung des Namens des Redakteurs auf der Zeitung sind nicht erforderlich. Über den Umfang der Haftung des Redakteurs wurde unter III schon berichtet. Durch Richterspruch oder Verwaltungsmaßnahmen kann dem verantwortlichen Redakteur die Fähigkeit zur Bekleidung seines Amtes nicht entzogen werden. Das Verfahren bei contempt of court wird unten (S. 46 ff.) beschrieben.

V. Formvorschriften.

Für Zeitungen besteht in England eine beschränkte Pflicht zur Eintragung in ein öffentliches Register; ferner bestehen Formvorschriften bezüglich der einzelnen Nummern von Druck-

[1]) s. Anh. 2.

[2]) Dawson S. 75.

schriften. Diese kaum mehr zeitgemäßen, aber noch gültigen Einzelbestimmungen sind enthalten im Newspaper, Printers and Reading Rooms Repeal Act 1869[1]) und im Newspaper Libel and Registration Act 1881[2]).

Im Gesetz von 1869 wird bestimmt, daß jeder, der eine Schrift zur Verlegung oder Verteilung d r u c k t und es versäumt, den eigenen Namen und die eigene Adresse darauf zu drucken[3]), für jedes so gedruckte Exemplar verurteilt werden kann, £ 5 zu zahlen — zur selben Strafe können bei Nichtbeachtung dieser Vorschrift auch Verleger und Verteiler verurteilt werden; ausgenommen von allen Vorschriften dieses Gesetzes sind „Schriften, die unter der Autorität und zur Benutzung von einem der Parlamentshäuser gedruckt werden"[4]). Wegen Vergehen gegen diese Vorschrift kann in England nur auf Veranlassung des Attorney- oder Solicitor-General vorgegangen werden. Dies hat zur Folge, daß das Gesetz nicht häufig angewandt wird; aber seine Vorschriften bieten gegebenenfalls eine bequeme Handhabe, wenn der Inhalt einer Druckschrift zwar nicht ungesetzlich ist, aber wenig wünschenswert erscheint[5]).

Im selben Gesetz wird vorgeschrieben, daß jeder, der im Auftrag eines anderen gegen Entgelt eine Schrift druckt, verpflichtet ist, mindestens 6 Monate lang wenigstens ein Exemplar der Druckschrift aufzubewahren und darauf in leserlicher Schrift den Namen und die Adresse des Auftraggebers zu schreiben oder zu drucken.

Ferner müssen die Namen des Druckers, Verlegers und Eigentümers mitgeteilt werden, wenn ein entsprechender Antrag zum Zwecke der Klageerhebung gegen die Zeitung vor Gericht gestellt wird[6]). Siehe auch S. 37.)

Die Verjährung für Delikte, die unter dieses Gesetz fallen, ist

---

[1]) Siehe Anhang 3.

[2]) Siehe Anhang 4.

[3]) Der Name des V e r l e g e r s braucht nur bei Wahlplakaten mitgedruckt zu werden. Siehe unten S. 50.

[4]) Andere Ausnahmen siehe Anh. 3 Abschn. 3.

[5]) So sind z. B. während des Krieges pazifistische Schriften auf Befolgung der Druckvorschrift streng untersucht worden. Dawson S. 205.

[6]) Siehe Anhang 3.

ganz kurz: Anklage muß binnen 3 Monaten erfolgen (Abschn. 34)[1]).

Nach dem Gesetz von 1881 müssen Zeitungen („newspapers") grundsätzlich in ein besonderes Register eingetragen werden, das sich in Somerset House befindet. Eingetragen werden der Titel der Zeitung und der Name des Eigentümers (Abschn. 9). Der Board of Trade hat jeweilig über Einzelheiten zu befinden. In diesem Gesetz (Newspaper Libel and Registration Act) werden die Begriffe „Newspaper" (Zeitung) „Proprietor" ([Zeitungs-] Eigentümer) definiert[2]) (Abschn. 1).

Die Definition des Newspaper umschließt alle Schriften, die öffentliche Nachrichten und Auskünfte enthalten und feilgehalten werden, sofern nicht mehr als 26 Tage zwischen dem Erscheinen von zwei aufeinanderfolgenden Nummern vergehen und auch solche Druckschriften, die wöchentlich oder „öfters oder mit Pause von nicht mehr als 26 Tagen verteilt" werden und ausschließlich oder hauptsächlich Anzeigen enthalten. Ausgeschlossen sind also alle monatlich und seltener erscheinenden Zeitschriften, ebenso alle feuilletonistischen Blätter und alle frei verteilten, wenn sie nicht ganz oder hauptsächlich Anzeigen gewidmet sind. Rein geschäftliche Mitteilungen dagegen oder Theaterzettel können leicht unter diese wenig glückliche Definition fallen[3]).

Unter die Definition des Eigentümers (proprietor) fallen nicht nur alleinige Eigentümer, sondern alle Personen, die als Partner oder sonst einen Anteil an der Zeitung im Geschäftsverkehr mit den anderen Teilhabern vertreten.

Über die Registrierung selbst ist zu bemerken: Eintragung ist nicht erforderlich, wenn die Zeitung einer nach den Companies Acts errichteten Aktiengesellschaft gehört[4]). Da ein sehr großer Prozentsatz[5]) der sonst nach dem Act von 1881 einzutragenden Zeitungen Aktiengesellschaften gehört, so ist das Register nichts weniger als vollständig. Ferner: die Pflicht zur Registrierung trifft den Drucker und den Herausgeber; beide sind verpflichtet, beide sind bei Unterlassung zu

[1]) Kurze Verjährung. Vgl. unten S. 38.
[2]) Siehe Anhang 4.
[3]) Fisher-Strahan S. 2. Dawson S. 35.
[4]) Section 18 des Act von 1881. Anh. 4.
[5]) Nach mündlicher Mitteilung etwa 75 Prozent.

einer Geldstrafe zu verurteilen (Abschn. 10). Der Eigentümer, dessen Name eingetragen wird, ist nicht selbst zur Registrierung verpflichtet: wechselt der Eigentümer, so ist jeder an dem Wechsel Interessierte zur sofortigen Eintragung des Wechsels berechtigt. Der Eigentümer ist strafbar, wenn er eine inkorrekte Eintragung wissentlich zuläßt; strafbar ist auch die Person, die eine solche inkorrekte Eintragung macht (Abschn. 12). Außerdem ist die Eintragung nur im Monat Juli (bei Versäumnis im August) zulässig (Abschn. 9); beim Wechsel des Eigentümers ist sie zwar in anderen Monaten zulässig, aber auch dann nicht obligatorisch (Abschn. 11). Diese Vorschrift kann für einen Beleidigten die nachteilige Folge haben, daß er auf Grund einer nicht mehr zutreffenden Eintragung jemanden verklagt, der nicht mehr Eigentümer ist, und deswegen abgewiesen wird[1]). Nach Section 14 des Act kann der Board of Trade Gebühren sowohl für die Eintragung als auch für die Einsicht in das Register erheben und die Höhe derselben mit Zustimmung des Treasury (Schatzamt) bestimmen. Die Registrierung des Titels einer Zeitung begründet kein Urheberrecht an dem Titel[2]).

VI.

Unabhängigkeit der Tagespresse.

Was die Unabhängigkeit der Tagespresse betrifft, so gibt es in England keinen Weg, wodurch der redaktionelle Teil vor privatwirtschaftlichen Einflüssen geschützt werden könnte[3]). Eine Pflicht etwa dahingehend, daß im redaktionellen Teil nur die Interessen der Allgemeinheit wahrzunehmen wären, besteht nicht; eine Möglichkeit, versteckte Reklame im redaktionellen Teil zu verhindern, ist auch nicht gegeben. Obgleich, wie unten (S. 50) gezeigt wird, es nicht zulässig ist, ohne Ermächtigung des Wahlagenten im Anzeigenteil oder durch Reklamezirkular, die Wahl eines bestimmten Parlamentskandidaten zu empfehlen, so besteht keine Möglichkeit, eine unbezahlte Empfehlung im redaktionellen Teil zu verhindern[4]).

---

[1]) Fisher-Strahan S. 4.

[2]) Dawson S. 212.

[3]) Vgl. Anm. 1 S. 7 oben.

[4]) Dawson S. 201.

VII.

Was das Recht der Anonymität bei der Presse betrifft, so nehmen verschiedene Autoren[1]) an, daß die diesbezüglichen bisher gefällten Entscheidungen so auszulegen sind, daß der Redakteur nicht gezwungen werden kann, den Namen des Verfassers mitzuteilen. Die Entscheidung Gibson v. Evans[2]) zeigt, daß ein solcher Zwang in der Tat nicht ausgeübt werden kann, es sei denn, daß die Kenntnis des Namens des Autors einen wesentlichen Faktor bei Erhebung der Klage bilde. Ähnlich eine Entscheidung aus dem Jahre 1906[3]): hier gestattete das Gericht nicht, daß die Verleger nach dem Namen des Autors gefragt würden, „da keine besonderen Umstände vorlägen". Ähnlich auch in dem Fall Lyle-Samuel v. Odhams Ltd.[4]). Hier war die Klage gegen Eigentümer und Verleger einer Zeitung. Der Kläger bekam vom Gericht keine Erlaubnis, die Beklagten nach dem Namen derjenigen zu fragen, die die Mitteilungen gemacht hatten, welche den beanstandeten Worten zugrunde lagen. Der Kläger versprach, falls ihm die Namen der Urheber mitgeteilt würden, keine Klage gegen diese zu erheben. Dieses Versprechen sei aber kein „besonderer Umstand", der die Durchbrechung der allgemeinen Regel gestatte. Diese allgemeine Regel lautet nicht: die Anonymität wird gewahrt, sondern: Fragen an den Beklagten zur Ermittlung des Namens des Autors sind nur beim Vorliegen besonderer Umstände gestattet.

Gesetzlich ist die Frage nicht geregelt.

Es besteht auch keine gesetzliche Schweigepflicht; dem Verfasser ist kein Rechtsmittel gegeben, wenn der Redakteur seine Anonymität nicht schützt. In Straffällen besteht keine Präzedenz in bezug auf die Wahrung der Anonymität.

In einem Fall von „breach of privilege" (siehe unten S. 55) ist die Frage aufgeworfen worden[5]), ob das House of Commons im Verfahren gegen einen Redakteur ihn zwingen könne, den Namen des Verfassers eines beanstandeten Artikels mitzuteilen.

---

[1]) So z. B. Fisher-Strahan p. 150 & 211; Fraser S. 369.

[2]) (1889) 23 Q. B. D. 384.

[3]) Plymouth etc. Society v. Traders' Assoc. 1 K. B., 403.

[4]) (1920) 1 K. B. 135.

[5]) (1912) 167 C. J. 543. Zit. bei Dawson S. 113.

Der Redakteur weigerte sich, und weitere Schritte wurden nicht unternommen.

Darüber, daß die Namen des Druckers, des Verlegers, des Eigentümers mitgeteilt werden müssen, siehe Seite 34 oben und Anhang 3.

VIII.

Verjährung.

Auf die Presse finden die allgemeinen Verjährungsvorschriften Anwendung[1]). Binnen sechs Jahren nach Veröffentlichung können Libelklagen eingereicht werden. Da aber eine „Veröffentlichung" im Sinne des Libels den weiten Sinn hat: schriftliche oder gedruckte Mitteilung an eine Person, so kann diese Verjährungsvorschrift umgangen werden, indem der Beleidigte jemand veranlaßt, die den Beleidigungsstoff enthaltende alte Nummer der Publikation zu kaufen. Der Verkauf stellt eine neue „Veröffentlichung" dar, von der aus die Verjährung von neuem zu laufen anfängt[2]).

IX.

Kein Berichtigungszwang.

Ein allgemeiner Berichtigungszwang besteht nicht. Der Verlust des „Privilege" bei Ablehnung, eine angemessene Berichtigung zu bringen und der Umfang und die Art dieser Berichtigung wurden oben unter II besprochen. Die Frage einer Entschuldigung ist oben unter III erörtert worden. Andere Vorschriften über Berichtigung bestehen nicht.

X.

Nachrichtenwesen, insbes. Nachrichtenschutz.

An Nachrichten besteht kein Urheberrecht, sondern nur an der Form, in der sie wiedergegeben werden[3]). Aber in Fällen, in denen eine Nachrichtenagentur Börsenpreise usw. sammelt, wird sie davor geschützt, daß diese Resultate heimlich weiter-

---

[1]) Ausnahmen siehe oben S. 35 und Anh. 3 Abschn. 34; auch unten XIIId S. 51.

[2]) Duke of Brunswick v. Harmer (1849) 14 Q. B. 185. 117 Engl Rep. 75.

[3]) Springfield v. Thame 1903. L. T. R. 242.

gegeben werden, bevor das große Publikum sie erfährt[1]), indem ein Gerichtsverbot zur Verhinderung der unerlaubten Verbreitung erlassen werden kann (S. unten S. 58); diese Möglichkeit läßt sich, wie Dawson[2]) bemerkt, schwer in Einklang bringen mit der Entscheidung Springfield v. Thame (Anm. 3 S. 38). Im Falle Exchange Tel. Co. v. Howard[3]) begründet Justice Buckley diese Anomalie mit den Worten: „Die Kläger betreiben ein Geschäft, bei dem sie Auskünfte sammeln und verbreiten. Die Kenntnis einer Tatsache, die vielen Leuten unbekannt ist, kann das Eigentum eines Menschen sein, in dem Sinne, daß andere ihm dafür etwas zahlen, daß er über diese Tatsache Auskunft gibt. An unveröffentlichtem Material gibt es nach Common Law ein Eigentumsrecht, oder es kann nach den Umständen des Falls eins geben. Die Kläger in diesem Falle klagen nicht nach Urheberrecht, sondern nach jenem Common-Law-Eigentumsrecht an der Auskunft, die sie gesammelt hatten und die sie in der Lage waren, zu verkaufen[4]).

Nachrichtenwesen im Radiobetrieb. 1. In dem Königlichen Patent der 1927 ins Leben getretenen English Broadcasting Corporation heißt es bei Aufzählung der Zwecke der Gesellschaft:[5]) „Nachrichten und Auskunft zu sammeln über laufende Ereignisse in allen Teilen der Welt auf jede Weise, die für geeignet gehalten wird; Nachrichtenzentralen zu errichten und bei solchen zu abonnieren.“ Ferner: „Durch Einschreiben, Kauf oder sonst, Urheberrechte zu erwerben an . . . Nachrichten und anderem Material und dasselbe zu benutzen . . . um die Zwecke der Gesellschaft zu fördern.“

2. In der Vertragsurkunde mit dem Postmaster-General heißt es[6]): „Der Postmaster-General darf von Zeit zu Zeit durch schriftliche Mitteilung an die Gesellschaft, dieser auferlegen, von der Sendung bestimmten Materials (broadcast matter) . . . abzusehen.“

---

[1]) 1896. Exchange Tel. Co. Ltd. v. Gregory & Co. 1 Q. B. 147

[2]) S. 116.

[3]) 22 T. L. R. 375 (1906).

[4]) Eine neue Entscheidung im selben Sinn ist: London & Provincial Sporting News Agency Ltd. v. Levy & Others. Times Newsp. 11. 5. 1928.

[5]) Cmd. 2756 S. 4.

[6]) Cmd. 2756 S. 16.

Für die besonderen Befugnisse des Postmaster-General beim Ausnahmezustand siehe unten S. 41.

Zu bemerken ist noch, daß der Sprecher, der die Tagesnachrichten bringt, seiner Mitteilung die Worte voraussetzt: „Jetzt folgen die heutigen Tagesnachrichten, urheberrechtlich geschützt (copyright reserved)", ein Zeichen, daß die unter 1. erwähnte Empfehlung, ein Vorrecht an Nachrichten zu erwerben, befolgt worden ist. Entscheidungen über die Art dieses Nachrichtenschutzes bei der Radioverbreitung liegen noch nicht vor.

XI.

Ausnahmezustand.

Eine allgemein zu fassende Sonderstellung der Presse beim Ausnahmezustand gibt es ebensowenig wie beim normalen Rechtszustand. Herrschen für den Staat gefahrvolle oder gefahrdrohende Umstände vor, so werden dem „King in Council" vom Parlament Sonderbefugnisse eingeräumt, insoweit das Königsprärogativ (das sich auf Armee, Marine, Miliz, Zivilbeamte erstreckt) allein zum Erlaß der notwendigen Verordnungen nicht ausreicht. So ist 1914 das Defence of the Realm Act vom Parlament erlassen worden, wonach dem König gestattet wurde, durch Verordnungen (Orders in Council) die für die Landessicherheit erforderlichen Maßnahmen zu ergreifen. Unter diesem Act sind eine Reihe von „Defence of the Realm Regulations" erlassen worden, die nach Bedarf ergänzt und neu erlassen wurden. Hier interessieren besonders Regulations 27 und 51[1]). Nach Regulation 27 ist es u. a. verboten, falsche Gerüchte in Zeitungen oder sonst zu verbreiten, oder falsche Behauptungen aufzustellen, die geeignet sind, den Erfolg der Streitkräfte Seiner Majestät oder Seine Beziehungen zu ausländischen Mächten zu gefährden. Nach Regulation 51 war es der zuständigen militärischen Autorität oder einer von ihr ermächtigten Person gestattet, wenn nötig mit Gewalt, ein Gebäude zu betreten, bei dem der Verdacht vorlag, daß in ihm etwas geschehe oder geschehen sei, was gegen die Regulations verstoße; alles in dem Gebäude, was zu solchem Zweck vermutlich verwendet wurde oder werden sollte, durfte beschlagnahmt und evtl. zerstört werden, insbes. auch Zeitungseinrichtungen, wenn

---

[1]) Siehe Anh. 10.

in der betreffenden Zeitung ein gegen Reg. 27 verstoßender Bericht erschienen war.

Ein bekannter Fall dieser Art ereignete sich am 6. November 1915. Die „Globe" hatte trotz vorheriger Warnung der Regierung eine falsche Nachricht über die Resignation von Lord Kitchener gebracht. Sie wurde verboten und ihre Einrichtung außer Tätigkeit gesetzt. Die sehr erregte Debatte im House of Commons am 11. November zeigt, wie sehr ein derartiges Vorgehen, selbst bei einer Notlage, gegen das englische Rechtsempfinden verstößt. Selbst diejenigen, die die Maßnahme aus Nationalsicherheitsgründen für notwendig erachteten, betonten, welch großen Wert sie auf die Freiheit der Presse legten[1]) und waren bemüht nachzuweisen, daß nur die äußersten Sicherheitsrücksichten ein solches Vorgehen rechtfertigten: es gebe aber ein noch wichtigeres Prinzip als die Freiheit der Presse und das sei die Sorge für die Sicherheit des Volkes.

In der Praxis gab es im Kriege ein privates Schiedsgericht, das vom Home Office aufgestellt wurde und aus einem Beamten (Civil servant), einem Zeitungseigentümer und einem Richter bestand, vor dem die Fälle besprochen wurden, in denen Druckereimaschinen beschlagnahmt worden waren. Ein Bericht über diese privaten Verhandlungen wurde dem Home Office zur Kontrolle eingereicht.

In der Vertragsurkunde zwischen dem Postmaster-General und der Broadcasting Corporation[2]) ist in folgender Form für den Ausnahmezustand vorgesorgt[3]). „Wenn und wann immer nach der Meinung des Postmaster-General ein Notfall entstanden ist, der es im öffentlichen Dienst wünschenswert macht, daß seiner Majestät Regierung die Versendung von Mitteilungen durch die (Radio-) Stationen überwacht, ist es gestattet, daß der Postmaster-General die Stationen . . . im Namen und an Stelle seiner Majestät übernehmen läßt und die Gesellschaft daran hindert, sie zu benutzen; ferner, daß er die Stationen in den Dienst Seiner Majestät stellt und daß in diesem Fall jede vom Postmaster-General autorisierte Person die Stationen . . . und die Gebäude der Gesellschaft betreten, in Besitz nehmen und, wie dargelegt, benutzen darf." Entschädigung für diese

[1]) 75 Hansard (H. o. C.) S. 1388 ff.

[2]) Siehe oben S. 39.

[3]) Cmd. 2756 S. 21

Übernahme wird nur insoweit gewährt, als die von der Gesellschaft an den Postmaster-General zu zahlende jährliche Summe von £ 10 für die Benutzung jeder Station, entsprechend der Zeitdauer der Benutzung durch den Staat erlassen wird und als etwaiger dem Betriebsmaterial oder den Gebäuden während des Notzustandes zugefügter Schaden gutgemacht wird.

Ein Wort noch über die Zensur im Kriege[1]).

Es gab im Parlament erregte Debatten darüber, ob es notwendig und angebracht sei, eine Zensur einzuführen, da einerseits das große Prinzip der Preßfreiheit, wonach Preßvergehen nachträglich geahndet, aber vorher nicht gehindert werden dürfen, durch eine Zensur durchbrochen würde und andererseits eine unkontrollierte Presse in Kriegszeit nationalen Schaden anrichten könnte. Ein Kompromiß kam zustande, wonach durch das am 11. August 1914 errichtete „Press Bureau"[2]) zwar eine Zensur ausgeübt wurde, aber die Unterwerfung der Presse unter diese Zensur im wesentlichen eine freiwillige war. Preßtelegramme und bestimmte Preßmitteilungen (im wesentlichen diejenigen, die durch das Hauptpostamt vermittelt wurden) wurden zensiert, ferner und vor allem: alles, was die Presse freiwillig der Zensur unterwarf. Manches war durch die Defence of the Realm Regulations verboten (so z. B. nach Reg. 18[3]) Mitteilungen über Truppenbewegungen). Wollte ein Redakteur sich vergewissern, daß das, was er zu veröffentlichen beabsichtigte, nicht gegen die Vorschriften verstoße, so reichte er das Material dem Press Bureau ein. Die Verantwortung blieb aber beim Redakteur; selbst wenn etwas von der Zensur durchgelassen war, war der Redakteur vor Verfolgung nicht sicher: die Tatsache der Freigabe durch die Zensur konnte nur als Milderungsgrund vorgebracht werden. Trotzdem wurde zur Vermeidung von Strafen von dieser freiwilligen Zensur weitgehend Gebrauch gemacht.

Das Bureau war sehr stark von der Regierung abhängig, keineswegs selbständig in seinen Richtlinien. Von Zeit zu Zeit gingen der Presse vom Bureau aus heimliche Instruktionen mit

[1]) Jèze; Encycl. Brit. (Artikel Censorship) 13th Ed. vol. 29—30. (New vols. 1—2) 1926.

[2]) Vgl. hierüber auch Eltzbacher S. 35 ff.

[3]) Siehe Anh. 10.

Verhaltungsmaßregeln zu, die als Richtschnur und Warnung dienen sollten.

In neuerer Zeit werden in milderer Form nach dem Emergency Powers Act von 1920 einige dem Defence of the Realm Act entsprechende Regulations erlassen. Diese treten nach einem Monat automatisch außer Kraft, wenn sie vom Parlament nicht erneuert werden. Nach No. 21, Abs. 2 der Emergency Regulations (1926) begeht derjenige einen Verstoß gegen die Regulations, der in seinem Besitz oder auf seinem Grundstück eine Urkunde hat, deren Veröffentlichung geeignet wäre, Meutereien oder Revolten unter Truppen, Polizeimannschaften oder Zivilbevölkerung hervorzurufen, Maßnahmen zur Verteilung von Nahrungsmitteln oder anderen Notwendigkeiten, zur Aufrechterhaltung des Verkehrs oder für andere nützliche Zwecke zu verhindern, es sei denn, daß er nachweisen kann, entweder daß er schuldlos nicht gewußt hat, daß die Urkunde einen derartigen Bericht enthielt oder daß er keine Verteilung der Urkunde beabsichtigte. Durch Order in Council vom 3. Mai 1926 ist zu Regulation 33, Abs. 2 eine Ergänzung erlassen worden, wonach jeder Schutzmann auf Veranlassung eines Secretary of State, wenn nötig mit Gewalt, in ein Gebäude eindringen darf, wenn Grund zu der Annahme besteht, daß in dem Gebäude irgendeine Urkunde gedruckt, hergestellt, veröffentlicht oder verteilt wird, die geeignet ist, Meuterei oder Revolten unter den Truppen usw. hervorzurufen oder Maßnahmen zur Verteilung von Nahrungsmitteln usw. zu verhindern; das betreffende Gebäude darf untersucht und alles beschlagnahmt werden, bei dem der Verdacht besteht, daß es benutzt worden ist oder benutzt werden soll, um solche Urkunden zu drucken, herzustellen, zu veröffentlichen oder zu verteilen; auch Exemplare derartiger Urkunden dürfen in solchem Falle beschlagnahmt werden.

Diese Maßnahmen sind nur gestattet, solange die Emergency Regulations gelten.

XII.

Rechtliche Bevorzugungen der Presse.

1. Gesetzliche Bevorzugungen, durch die nur die Presse begünstigt wird. Eine Bevorzugung der Presse im Strafprozeß bei Beleidigungsklagen wurde schon oben S. 11 erwähnt.

Es gibt ferner Bestimmungen, wonach die Presse zu nicht öffentlichen Sitzungen zugelassen wird:

a) Abschn. 111 (4) und 114 des Children Act 1908[1]) bestimmen, daß Pressevertreter[2]) von nicht öffentlichen Jugendgerichtsverhandlungen nicht ausgeschlossen werden dürfen und auch zu solchen Gerichtsverhandlungen zugelassen werden müssen, bei denen die Öffentlichkeit vorübergehend ausgeschlossen wird, weil ein Jugendlicher im Zusammenhang mit einem Sittlichkeitsdelikt Zeugenaussagen macht.

b) Nach dem Admission of the Press to Meetings Act 1908[3]) wird die Presse zu Sitzungen von Lokalbehörden zugelassen, es sei denn, daß eine Majorität der Versammlung den vorübergehenden Ausschluß im öffentlichen Interesse beschließt.

In diesem Gesetz werden „Pressevertreter" als akkreditierte Vertreter von Zeitungen und Zeitungsagenturen definiert.

c) Konzessionen an die Presse werden auch im Zusammenhang mit dem Urheberrecht gemacht. So wird im Copyright Act von 1911[4]) (Sec. 2 [1] I) ausdrücklich gesagt, daß in einer sachlichen Kritik oder einer Angabe der Leitsätze eines Werkes in der Zeitung (newspaper summary) keine Urheberrechtsverletzung liegt; ferner: über einen öffentlichen Vortrag darf in der Zeitung berichtet werden, es sei denn, daß vor dem Vortrag und während des Vortrags ein Anschlag angebracht ist, der einen solchen Bericht verbietet (Sec. 2 [1] V). Ausdrücklich ausgenommen von einem solchen Verbot ist aber (nach demselben Abschnitt) das in Sec. 2 [1] erwähnte „newspaper summary": die Leitsätze dürfen von der Zeitung immer gebracht werden, auch wenn ein eingehender Bericht durch Anschlag verboten ist.

d) Postbeförderung. Sondervergünstigungen der Presse bestehen auch bei der Post. Durch die Post Office Acts von 1908 und 1913 ist es dem Postmaster-General gestattet, ein Register zu führen und Eintragungsbedingungen aufzustellen.

---

[1]) Siehe Anh. 8.

[2]) Der hier gebrauchte Ausdruck ist: „Echte Vertreter einer Zeitung oder Zeitungsagentur".

[3]) Siehe Anh. 7.

[4]) Siehe Anh. 9.

Die Eintragung kostet höchstens 5 s., und eine so eingetragene Zeitung kann zu einem billigeren Tarif durch die Post befördert werden. In dieser Weise können nur Zeitungen eingetragen werden, die folgende Bedingungen erfüllen: 1. sie müssen zum größten Teil oder ganz aus politischen oder anderen Nachrichten, Artikeln von politischem oder anderem allgemeinen Interesse, mit oder ohne Anzeigen, bestehen. 2. sie müssen in Großbritannien oder einer britischen Besitzung gedruckt und verlegt werden. Der Postmaster-General kann fordern, daß ein verantwortlicher Vertreter der Druckschrift in Großbritannien unterhalten wird. 3. Die Nummern dürfen nicht seltener erscheinen als alle 7 Tage. 4. Titel und Datum müssen oben auf jeder Seite gedruckt werden, auf der ersten Seite muß es der volle Titel sein.

Weitere Vorschriften bestehen über die Beschaffenheit der Beilagen zu solchen Zeitungen[1]), wenn sie der Vorteile des niedrigeren Tarifs teilhaftig werden sollen, und wieder weitere Vorschriften über die Art der Verpackung usw.

2. Gesetzliche Vergünstigung, von der die Presse mit erfaßt wird:

Abonnentenversicherung. Manche Zeitungen versichern ihre Leser vermittelst eines Coupons. Da alle Versicherungspolicen gestempelt werden müssen und da dies bei den an Stelle von Policen dienenden Zeitungscoupons nicht angängig wäre, besteht eine Sondervorschrift[2]), wonach es der Presse gestattet ist, den Commissioners of Inland Revenue, wenn diese sich überzeugen, daß das sonst vorgeschriebene Stempelverfahren nicht angebracht wäre, in bestimmten Zeitabschnitten Abrechnungen vorzulegen und einen bestimmten Prozentsatz der Prämien an Stelle der Stempelgebühren einzuzahlen.

Als Vergünstigung der Presse kann weiter die Tatsache aufgefaßt werden, daß von der Presse keine Sondersteuer er-

---

[1]) Post Office Act 1908.

[2]) Abschn. 116 des Stamp Act 1891 und Abschn. 8 des Finance Act 1907. Siehe Anh. 6.

hoben wird, wenn auch keine Vorschriften bestehen, um diese Nicht-Besteuerung zu sichern. Stempelgebühren, die früher (ab 1712) erhoben wurden, sind seit 1855 abgeschafft[1]).

XIII. Gesetzliche und Common Law Beschränkungen der Presse.

Es wurde schon darauf hingewiesen, daß die Presse dem allgemeinen Recht unterworfen ist, d. h. u. a. daß Delikte ebenso geahndet werden, wenn sie von der Presse, wie wenn sie von anderen Personen begangen werden. Es gibt aber Delikte, die häufig, sogar am häufigsten durch die Presse begangen werden; im folgenden soll gezeigt werden, welche einschränkende Wirkung das über solche Delikte bestehende Recht auf die Tätigkeit der Presse ausübt; so das Recht des „contempt of court" bei Gerichtsverhandlungen, so einige Vorschriften des Wahlrechts, des Lotterierechts, Rennwettenrechts u. a.; insbesondere sind durch diese letzteren Vorschriften die Zeitungsanzeigen eingeschränkt. Sodann werden unter 2. vereinzelte Vorschriften besprochen, wodurch nur die Presse betroffen und in ihrer Tätigkeit eingeschränkt wird: so insbes. die gesetzlichen Bestimmungen, die Berichte über Gerichtsverhandlungen einschränken und das Parlamentsprivileg, das Berichte über Parlamentsverhandlungen einschränken kann.

1) Einschränkungen der Presse durch allgemeines Recht.

a) Einschränkung der Berichte über Gerichtsverhandlungen durch das contempt of court betreffende Recht. Alles, was unter der Bezeichnung ‚contempt of court' zusammengefaßt wird, ist verboten. Hierunter fällt alles, was geeignet ist, die Rechtspflege zu beeinträchtigen, alles, was den Richter, die Geschworenen oder die Zeugen als solche beleidigt, die Autorität des Richters

[1]) Daß Gebühren erhoben werden können, wenn die Namen des Zeitungseigentümers in das Register eingetragen werden, und wenn das Register eingesehen wird, wurde oben S. 36 schon erwähnt. Es wurde aber gleichzeitig darauf hingewiesen, daß solche Eintragungen selten sind, da Aktiengesellschaften zur Eintragung nicht verpflichtet sind.

herabsetzt, aber auch alles, was geeignet ist, ein Vorurteil gegen die Parteien hervorzurufen oder was einer Vorbeurteilung des Falls gleichkommt. Die Definitionen von ‚contempt of court' beruhen auf dem Common Law, nicht auf Gesetz. Die älteste Definition, die heute zugrunde gelegt wird, ist von Lord Hardwicke aus dem Jahre 1742[1]) und lautet: „Eine Art von contempt besteht darin, den Gerichtshof selbst anzugreifen; contempt kann es auch geben, indem die Prozeßparteien beleidigt werden; contempt kann auch darin bestehen, daß eine Voreingenommenheit gegen die Parteien erzeugt wird, bevor der Fall gehört worden ist." Eine moderne Definition ist die von Lord Russell[2]) (1900), die besagt, daß jede Tat, die geschieht und jede Schrift, die veröffentlicht wird und die geeignet ist, Gerichtshof oder Richter[3]) verächtlich erscheinen zu lassen oder der richterlichen Autorität zu schaden oder den ordentlichen Lauf der Gerechtigkeit oder der Gerichtsverhandlung zu stören, ‚contempt of court' ist; „reasonable argument" gegen eine Gerichtshandlung falle nicht darunter. Die Definitionen beziehen sich zwar nicht nur auf das Delikt, wenn es von der Presse begangen wird, aber die Pressefälle ereignen sich am häufigsten und sind auch deswegen die bedeutendsten, weil sie den meisten Schaden anrichten. Besonders streng beurteilt wird das Delikt, wenn es durch eine Prozeßpartei begangen wird, so z. B. wenn eine wegen libels verklagte Zeitung in den eigenen Spalten den schwebenden Prozeß kommentiert[4]).

Es liegt jedes Mal im Ermessen des Richters zu entscheiden, ob das beanstandete Verhalten geeignet ist, ein Vorurteil zu erzeugen, den Lauf der Gerechtigkeit zu hemmen, oder

---

[1]) Roach v. Garvan, Re Read & Huggonson (1742) 2 Atk. 471. 26 Engl. Rep. 684.

[2]) R. v. Gray. Siehe oben Anm. 3 S. 2.

[3]) In einer neuen Entscheidung (1928. 44 T. L. R. 301) im Falle Rex v. Editor of the New Statesman wurde entschieden, daß eine Bemerkung dahingehend, daß bei einem bestimmten, genannten Richter man auf kein unparteiisches Gehör rechnen könne, wenn man gewissen Ansichten huldige, contempt of court darstelle, indem eine solche Äußerung die erlaubte verständige Kritik überschreite und geeignet sei, dem Richter in der Ausübung seiner Pflicht hinderlich zu sein.

[4]) Vgl. Dawson S. 102.

nicht[1]). Eine Karikatur kann auch unter contempt fallen[2]), ja sogar eine einfache Photographie des Angeklagten[3]). Anzeigen, die geeignet sind, eine Partei zu schädigen, können auch contempt sein, und eine Klage gegen Eigentümer, Herausgeber usw. ist auch hier angängig; aber wenn aus ihrem Text das Strafbare nicht ersichtlich ist und auch sonst dem Zeitungsinhaber, Redakteur usw. nicht bekannt ist, so wird nur derjenige strafbar sein, der die Anzeige eingesetzt hat; eine Strafklage z. B. gegen den Drucker würde in solchem Fall schwerlich Erfolg haben[4])[5]). Gegen den, der contempt of court begeht, kann auf dreierlei Art vorgegangen werden. Es kann das übliche Strafverfahren angewandt werden, das Gericht kann auf Antrag eine Verfügung erlassen, wodurch dem Täter untersagt wird, die Tat zu wiederholen, oder es kann ein summarisches Verfahren Platz greifen. Der erste Weg wird heute selten beschritten, der zweite wird nur angewandt, wenn der Beschuldigte selbst Prozeßpartei ist. Der dritte Weg ist der häufigste. Hier kann auf Antrag das Gericht[6]) den Beschuldigten zitieren und ihn zu Gefängnis — oder Geldstrafe — verurteilen, es sei denn, daß er sich überzeugend verteidigen kann (also mit Umkehrung der Beweislast). Die Verantwortung für durch die Presse begangenes contempt of court tragen Eigentümer, Verleger, Redakteur, Verfasser und Drucker, und es ist keine wirksame Verteidigung, wenn der Eigentümer, Redakteur oder Drucker vorbringt, daß er nicht gewußt habe, daß das Beanstandete in der Zeitung erschienen sei[7]). Strafbar ist auch der Redakteur, der eine ‚contempt' darstellende Äußerung in England veröffentlicht, die im Ausland gedruckt wurde.

---

[1]) Chesshire v. Strauß (1896) 12 T. L. R. 291; Re Bahama Islands 1893 A. C. 138; Skipworth's case 1873 L. R. 9 Q. B. 230; R. v. Tibbitts and Windust 1902 1 K. B. 77 (Verurteilung von Reporter und Redakteur).

[2]) R. v. Editor of Evening News (Times Newspaper 27th Oct. 1925).

[3]) R. v. Daily Mirror and others (1927) 1 K. B. 845.

[4]) Plating Co. v. Farquarson, 17 Ch. D. 56. 1881.

[5]) Dawson S. 101. Hierbei kommt es auf die Schuld an. Vgl. oben S. 13, 15, 18, 23, 28.

[6]) Nicht jedes Gericht ist hierzu befugt. Näheres siehe Gerland S. 833 ff.

[7]) Dawson S. 109. Chesshire v. Strauß (1896) 12 T. L. R. 291.

Die Neigung der Parteien, fast jede Zeitungsäußerung über einen Fall während des Prozesses[1]) dem Gericht als contempt anzuzeigen, wird von den Richtern als Mißbrauch bekämpft[2]). Dem entgegen werden aber Stimmen laut, die eine Erweiterung des Begriffs ‚contempt of court' für wünschenswert halten. In der Zeitschrift „Justice of the Peace" (14. 5. 1927, S. 362 f.) wird in einem Aufsatz erwogen, ob es nicht einer Beeinflussung der Geschworenen gleichkommt, wenn diese einen Zeitungsbericht über die polizeilichen Vorverhandlungen im selben Fall lesen können, bei dem sie später die Tatsachenfrage beurteilen sollen; de lege lata aber sind solche Berichte gestattet. Der Autor des Artikels ist der Meinung, daß solche polizeilichen Verhandlungen gar nicht öffentlich sein dürften.

b) Einschränkung der Presse im Wahlrecht.

Da das „Libel"recht nicht ausreicht, um Wahlkandidaten vor schädigenden Angriffen zu schützen, so ist durch das Corrupt and Illegal Practices Prevention Act 1895 und das Municipal Elections (Corrupt and Illegal Practices) Act 1911 vorgeschrieben, daß niemand falsche Behauptungen über den persönlichen Charakter oder das persönliche Verhalten eines Wahlkandidaten veröffentlichen darf, um ihn bei der Wahl zu schädigen. Eine Beleidigung braucht dabei nicht vorzuliegen[3]). Wer nachweisen kann, daß er mit Grund an die Wahrheit der durch ihn verbreiteten unwahren Tatsache glaubte, ist nach den Bestimmungen dieses Gesetzes freizusprechen. Der Wiederholung oder Verbreitung solcher unwahren Behauptung kann durch einstweilige oder Dauer-Verfügung vom Gericht vorgebeugt werden[4]). Strafen sind zu bemessen nach dem Corrupt and Illegal Practices Act von 1883 (Abschn. 10): Hiernach

---

[1]) Nur in Ausnahmefällen kann eine Äußerung nach beendigtem Verfahren ‚contempt' sein: 1. wenn in den ganz seltenen Fällen, in denen der Richter ein nicht-öffentliches Verfahren (trial in camera) anordnet, dennoch ein Bericht erscheint, und 2. wenn das Gericht oder der Richter in ungehöriger Weise angegriffen werden. Vgl. die lehrreiche Darstellung bei Mendelssohn-Bartholdy S. 52 ff.

[2]) Siehe z. B. Court of Appeal Entscheidung in re New Gold Coast Exploration Co. (1901) I Ch. D. 864.

[3]) Silver v. Benn 12 T. L. R. 199 (1896).

[4]) Siehe unten S. 57.

ist das Delikt im summarischen Verfahren mit Geldstrafen bis zu £ 100 und Stimmverbot auf 5 Jahre in dem betreffenden Bezirk zu bestrafen. Nach Abschnitt 18 desselben Act ist auf Wahlplakaten der Name mit Adresse nicht nur des Druckers[1]), sondern auch des Verlegers zu drucken. Zuwiderhandlung wird bestraft.

Eine weitere Vorschrift, die die Presse treffen kann und die sie auch treffen soll, ist im Representation of the People Act 1918 enthalten. Art. 36 bestimmt, daß jeder, mit Ausnahme des Wahlagenten, strafbar ist, der Geldausgaben für die Herausgabe von Anzeigen, Zirkularen oder ähnlichen Schriften macht, um die Wahl eines bestimmten Kandidaten bei einer Parlamentswahl zu fördern, es sei denn, daß der Wahlagent ihn schriftlich dazu ermächtigt[2]). Diese Vorschrift soll, wie aus den Parlamentsverhandlungen über den Gesetzesentwurf[3]) hervorgeht, dem Übel steuern, das dadurch hervorgerufen wurde, daß unabhängige Vereine häufig Agenten beauftragten, die Wahl eines bestimmten Kandidaten zu fördern; solche Agenten traten dann in dem betreffenden Wahlkreis auf und gingen oft wenig sauber zu Werke, um ihren Zweck zu erreichen. Insbesondere wurde im Parlament darauf hingewiesen, daß viele Zeitungen Frei-Exemplare mit Spezialartikeln und Zeichnungen verteilten, besondere Anschläge machten usw. Diese Art der Kandidatur sei unwürdig. Durch die eben erörterte Vorschrift wird erreicht, daß außenstehende Verbände sich der Kontrolle des Wahlagenten unterwerfen müssen und daß ein unkontrollierbarer bezahlter Zeitungsfeldzug verhindert wird. Daß im redaktionellen Teil der Zeitung ein Kandidat empfohlen wird, wird, soweit die Empfehlung unbezahlt ist, nicht zu verhindern sein[4]).

c) Anzeigen bestimmter Art sind verboten durch das Venereal Diseases Act 1917, wonach bestraft wird (Abs. 3 des Act), wer durch öffentliche Anzeige irgendwelcher Art Behandlung einer venerischen Krankheit anbietet oder vornimmt oder auf irgendeine Weise in gedruckter oder schriftlicher Form medizinische Präparate zur Vorbeugung, Kur

---

[1]) Siehe oben S. 34.

[2]) R. v. Daily Mirror (1922) 2 K. B. 530.

[3]) 93 Hansard (Commons) 2224, 2420; 97 Commons 1425.

[4]) Siehe auch oben S. 36.

oder Erleichterung einer venerischen Krankheit anbietet oder anpreist, es sei denn, daß eine behördliche Genehmigung vorliegt oder daß die fragliche Schrift oder Drucksache zur Benutzung von Ärzten oder Apothekern zu Berufszwecken bestimmt ist. Im Text ist nicht bestimmt, wer nach diesem Gesetz strafbar ist. Dawson[1]) ist der Meinung, daß Zeitungen und Drucker von der zweiten Vorschrift mit erfaßt werden, da diese durch die Kundgabe die Präparate auch „anbieten".

d) Nach dem Larceny Act 1861 sind Anzeigen verboten, die bei verlorenen oder gestohlenen Gegenständen dem Rückerstatter versprechen, daß er unbedingt straffrei bleiben werde, daß keine Erkundigungen über ihn eingezogen würden oder die einem Pfandleiher oder einer sonstigen Person Rückerstattung des Geldes versprechen, das er für den gestohlenen oder verlorenen Gegenstand hergegeben haben mag. Derjenige, der eine solche Anzeige einsetzt, der Drucker und der Verleger, können im Zivilverfahren verurteilt werden, demjenigen £ 50 zu zahlen, der eine entsprechende Klage erhebt. In dem Larceny (Advertisements) Act von 1870 wird bestimmt, daß zu solcher Klage die schriftliche Zustimmung des Attorney General erforderlich ist und daß sie binnen sechs Monaten[2]) nach Begehen des Delikts erhoben werden muß, wenn es sich um Zeitungen handelt, die unter den Begriff „Zeitungen" fallen, wie er in den jeweiligen Gesetzen definiert ist, die die Postbeförderung von Zeitungen regeln (zur Zeit also Post Office Acts von 1908 und 1913). Daß die hier beschriebene Klage heute überhaupt selten erhoben wird, versteht sich von selbst.

e) Unter die gesetzlichen Lotterieverbote können Preisausschreiben in Zeitungen fallen. Wenn Geld für die Chancen bezahlt werden muß (auch nur zum Ankaufen der Zeitung) und wenn keine Geschicklichkeit zur Lösung nötig ist, sondern der reine Zufall entscheidet, so machen sich alle an der Herstellung der Zeitung Beteiligten strafrechtlich verantwortlich. Bei Zeitungen wird in der Regel in solchem Fall nach Abschnitt 41 des Lotteries Act 1823 Anklage erhoben, wonach der Verkauf von Losen oder die Veröffentlichung eines Vorschlags oder Plans zu solchem Verkauf strafbar ist. Der Schuldige wird mit einer Geldstrafe von £ 50

[1]) S. 195.

[2]) Kurze Verjährung; siehe oben S. 38.

und als rogue and vagabond (Schurke und Vagabund) bestraft. Nach einer Entscheidung aus dem Jahre 1909[1]) wird eine G. m. b. H. durch diesen Abschnitt nicht erfaßt, und so wird jetzt in der Regel nicht gegen den Eigentümer, sondern nur gegen Redakteure und verantwortliche Leiter (responsible managers) in diesen Fällen geklagt, wenn die Zeitung in den Händen einer G. m. b. H. ist. Strafbar ist auch nach dem Lotteries Act 1836, wer eine Anzeige über den Verkauf von Losen druckt, verlegt, drucken oder verlegen läßt, und ferner wer ein Los druckt, verlegt, drucken oder verlegen läßt.

Nach dem Art Union Act 1846 darf es eine Verlosung von Kunstwerken geben, wenn eine (besondere Bedingungen erfüllende) Vereinigung besteht, um die Kunstwerke aufzukaufen und sie unter den Mitgliedern durch das Los zu verteilen. Eine Zeitung kann auch eine solche Kunstvereinigung gründen.

f) Rennwetten dürfen nicht durch die Presse gemacht werden, auch nicht in der Form, daß ein Preis für das Raten der Resultate von Pferderennen oder Fußballspielen ausgeschrieben wird. Erfaßt werden solche Delikte durch Abschn. 1 des Betting Act 1853, wonach kein Haus, Büro oder anderer Ort für die Entgegennahme von Wettgeldern gebraucht werden darf. Auch wenn das Geld anderswo eingezahlt wird, wird der Zeitungsinhaber zur Verantwortung gezogen, da aus seinem Büro der entscheidende Schritt getan wurde[2]). Verantwortlich ist der Zeitungsinhaber auch, wenn ein anderer das Preisausschreiben in seiner Zeitung veranstaltet[3]). Strafbar sind auch Anzeigen über Rennwettanstalten[4]) und Anzeigen betr. Personen, die bereit seien, Renn- oder Sporttips zu geben[5]).

Strafbar macht sich nach dem Ready Money Football Betting Act 1920 „jede Person, die . . . . eine Anzeige . . . . . über Bargeldfußballwetten . . . . . verlegt".

g) Nach dem Cruelty to Animals Act 1876 ist es verboten, durch Zeitung oder sonst anzuzeigen, daß Experimente an lebenden Tieren öffentlich vorgenommen werden.

---

[1]) Hawke v. Hulton & Co. (1909) 100 L. T. R. 905.
[2]) Lennox v. Stoddart (1902) 2 K. B. 29.
[3]) Abschn. 3. Betting Act. 1853.
[4]) Abschn. 7. Betting Act. 1853.
[5]) Betting Act. 1874, Abschn. 3.

2. Vereinzelte einschränkende Bestimmungen, von denen nur die Presse erfaßt wird.

A. Gesetzliche Bestimmungen, welche Berichte über Gerichtsverhandlungen einschränken, sind:

a) Das Criminal Justice Act, Abschn. 41 (1925)[1]), wonach es bei einer Geldstrafe bis zu £ 50 verboten ist, die beteiligten Personen zu photographieren oder Zeichnungen von ihnen, die zur Veröffentlichung bestimmt sind, anzufertigen; es ist in gleicher Weise strafbar, derartige Bilder oder Photographien zu veröffentlichen.

b) Nach dem Judicial Proceedings [Regulation of Reports] Act von 1926[2]) ist es bei Gefängnisstrafe oder bei Geldstrafe bis £ 500 oder bei beiden verboten, Einzelheiten aus Gerichtsverhandlungen zu drucken oder zu veröffentlichen (oder drucken oder veröffentlichen zu lassen), welche der öffentlichen Moral abträglich sein könnten. Insbesondere ist es verboten, „anstößige" (indecent) medizinische Einzelheiten bekanntzugeben, die der öffentlichen Moral schädlich sein könnten und — was von der größten praktischen Bedeutung ist — bei Ehescheidungs- und anderen Eheprozessen irgendwelche Einzelheiten des Tatbestandes zu veröffentlichen.

Bei diesen dürfen nur noch ganz kurze Angaben gemacht werden, so die Namen, Adressen, Berufe der Parteien; die Art der Klage, Verteidigung und Widerklage; Ausführungen über Rechtsfragen, die sich während der Verhandlungen ergeben haben; die Zusammenfassung des Richters; das Urteil der Geschworenen; das Urteil des Gerichts und die Bemerkungen des Richters zum Urteil.

Für Delikte, die unter dieses Gesetz fallen, sind nur Eigentümer, Redakteur, Meisterdrucker und Verleger haftbar. Klage kann in England und Wales nur mit Zustimmung des Attorney-General erhoben werden.

Nicht verboten ist die Veröffentlichung der Einzelheiten in juristischen oder medizinischen Werken oder zum Gebrauch

---

[1]) Siehe Anh. 12.

[2]) Siehe Anh. 13.

der an den Gerichtsverhandlungen beteiligten Personen, oder in anderen Gerichtsverhandlungen oder auf Befehl des Gerichts[1]).

c) Nach Abschn. 3 des Law of Libel Amendment Act 1888[2]) ist bei Zeitungsberichten über Gerichtsverfahren die Wiedergabe von gotteslästerlichen oder anstößigen Äußerungen verboten, eine Vorschrift, die zum Teil von den Bestimmungen unter b) oben überholt ist. Die Wiedergabe von aufrührerischen Äußerungen ist in keinem Gesetz ausdrücklich verboten.

B. Einschränkungen der Presse bei Berichten über Parlamentsverhandlungen.

Es wurde oben S. 17 und S. 20 bei der Besprechung des Libelrechts erwähnt, daß Berichte über und Auszüge aus Parlamentsverhandlungen nicht nur gestattet, sondern stark geschützt (privileged) sein können, und es wurde hier auf das Parliamentary Papers Act von 1840 (Anh. 1) verwiesen. Der letzte Abschnitt dieses Gesetzes enthält aber eine Einschränkung, die für die Presse von Bedeutung sein kann. In dem bezeichneten Abschnitt heißt es, daß nichts in dem vorliegenden Gesetz so ausgelegt werden könnte, daß es eine Einschränkung irgend welcher Art der Parlamentsprivilegien bedeute. Ein Wort über diese: Das grundlegende Prinzip der Geschäftsordnung der englischen Parlamentshäuser ist von Coke[3]) in seinen ‚Institutes' niedergelegt worden. Hiernach gibt es ein eigenes Recht der Parlamentshäuser, genannt die lex et consuetudo Parliamenti, die aus den Parlamentstagebüchern und anderen Berichten über Parlamentsvorgänge, aus Gewohnheit und Erfahrung zu ermitteln ist. Derselbe große Rechtsgelehrte betont, daß alles, was ein Parlamentshaus angeht, nur

---

[1]) Über dieses Gesetz sagte Sir Charles Hyde, Präsident der Press Association, bei der Jahresversammlung dieser Vereinigung am 8. Mai 1928 (Times 9. 5. 1928), er habe schon vor einem Jahre gesagt, es sei ein äußerst nachlässig gefaßtes Gesetz, und nach mehr als einjähriger Erfahrung der Auswirkungen des Gesetzes müsse er seine Meinung aufrecht erhalten.

[2]) Siehe Anh. 5 und S. 17 oben.

[3]) Bd. 4, S. 14, 50.

von diesem zu beurteilen sei. Aus diesen Grundsätzen folgt, daß als Parlamentsprivileg das zu gelten hat, was das Parlamentshaus konsequent für sich beansprucht hat[1]). Nun ist es häufig von beiden Häusern verboten worden, Berichte über die Debatten zu veröffentlichen[2]). Eine offizielle Zurückziehung solchen Verbots ist nie erlassen worden, so daß es grundsätzlich noch besteht. Der modernen Praxis nach aber wird von dem Privileg nur Gebrauch gemacht, wenn mißbräuchliche Berichte veröffentlicht werden, so inkorrekte Widergaben[3]), Angriffe auf den Charakter des Speaker, Beschuldigungen, daß unwahre Behauptungen in einer Parlamentsrede enthalten seien[4]) u. ähnl. In solchen Fällen ist ein breach of parliamentary privilege (Verletzung des Parlamentsprivilegs) begangen worden, der tatsächlich deswegen verfolgt wird, weil der Bericht kein sachlicher ist, aber mit der rechtlichen Begründung, daß die Veröffentlichung überhaupt einen Bruch des Privilegs darstellt.

Verfahren bei breach of privilege. Auf allgemeine Abstimmung im beteiligten House (Lords oder Commons) wird den Beschuldigten Befehl erteilt, vor dem „bar"[5]) des Hauses zu erscheinen. Bei Nichterscheinen darf der Lord Chancellor (bzw. der Speaker) sie zwangsweise vorführen lassen. Die Beschuldigten dürfen sich verteidigen. Die Strafen sind: beim House of Lords Gefängnis auf bestimmte Zeit oder Geldstrafe, beim House of Commons nur Gefängnis auf unbestimmte Zeit. Entlassen wird der so Bestrafte, wenn das Haus ihm entweder spontan oder auf seinen Antrag seine Entlassung gewährt, in jedem Fall aber, wenn die betreffende Parlamentssitzungsperiode abläuft oder aufgehoben wird.

---

[1]) cf. May S. 73.

[2]) Siehe z. B. 2 C. J. 501; 11 ib. 193, 439; 12 ib. 48, 661; 14 ib. 270; 20 ib. 99; 21 ib. 238; 29 ib. 207; 45 ib. 508; 75 ib. 57; zitiert bei May 82.

[3]) May 83.

[4]) Dawson 112, der hierzu 34 C. J. 456 und 142 C. J. 208 zitiert.

[5]) Eine Barriere, die errichtet wird, wenn das Parlamentshaus als Gericht fungiert, um den Beschuldigten von den Mitgliedern und Beamten des Parlamentshauses zu trennen.

XIV. Belastungen der Presse.

1. Die Presse ist staatlichen Zwecken nicht zwangsweise dienstbar gemacht. Es besteht keine Pflicht zur Aufnahme amtlicher Bekanntmachungen. Die Presse ist weder mit Sondersteuern, noch mit anderen besonderen Lasten belegt.

2. Die einzige Ausnahme von dieser Regel bildet die nach Abschn. 15 des Copyright Act von 1911[1]) bestehende Verpflichtung zur Ablieferung von Frei-Exemplaren an bestimmte öffentliche Bibliotheken:

An die Treuhänder des British Museum muß von jedem Buch innerhalb eines Monats nach Veröffentlichung ein Frei-Exemplar der besten Ausgabe mit allen dazu gehörigen Karten und Abbildungen geliefert werden. Unter „Buch" ist jede gedruckte Veröffentlichung (mit Ausnahme eines Neudrucks) zu verstehen.

Die Bodleian Library, Oxford; University Library, Cambridge; Library of the Faculty of Advocates, Edinburgh; Library of Trinity College, Dublin, haben nach demselben Gesetz das Recht, die Lieferung eines Exemplars jeder Veröffentlichung zu fordern, wenn sie die Forderung binnen 12 Monaten nach Erscheinen des Werkes stellen. Bei Zeitungen, Enzyklopädien oder anderen Serienwerken darf sich eine Forderung auch auf alle darauffolgenden Nummern beziehen.

Dieselben Vorschriften beziehen sich auch auf die National Library of Wales mit der Maßgabe, daß bestimmte Kategorien von Büchern, je nach den Anweisungen des Board of Trade, von der Ablieferungspflicht auszunehmen sind.

Abgesehen vom British Museum dürfen die genannten Bibliotheken nicht eins der besten veröffentlichten Exemplare, sondern nur ein Exemplar in der Ausführung der größten Zahl der verkäuflichen Exemplare fordern.

Pflicht zur Lieferung liegt in jedem Fall dem Verleger ob, der im Nicht-Erfüllungsfall verurteilt werden kann, eine Geldstrafe bis zu £ 5 und den Wert des Buches an diejenige Stelle zu zahlen, an die das Buch hätte geliefert werden sollen.

---

[1]) Siehe Anh. 9.

XV. Gerichtliche Verbote; Beschlagnahmen.

Gerichtliche Verbote, die der Presse Veröffentlichungen bestimmten Inhalts untersagen, sind unter verschiedenen Umständen zulässig:

1. Bei Libel-Klagen kann unter Umständen der Geschädigte ein Gerichtsverbot (injunction) dahin erwirken, daß die Wiederholung der Beleidigung untersagt wird[1]). Es wird nicht erlassen, wenn der Beklagte schwört, er könne den „libel" rechtfertigen[2]), oder wenn Privilege[3]) vorliegt. Daß bei „Trade Libels"[4]) ein gerichtliches Verbot der Wiederholung erlassen werden kann, beweist der Fall Collard v. Marshall[5]). Eine Zeitlang bestand Unsicherheit, ob dies auch bei anderen Libels zulässig sei, aber durch den Fall Mouson v. Tussauds Ltd., Mouson v. Louis Toussaud[6]) wurde die Frage geklärt. Lord Halsbury bezog sich bei der Entscheidung in diesem Fall auf den Judicature Act 1875[7]), wonach das Gericht ein Verbot (injunction) erlassen kann, wann und in welcher Art auch immer es ihm angemessen erscheint, und sagte im übrigen, daß der Schutz des Charakters eines Mannes wohl noch wichtiger sei als der Schutz seines Gewerbes, so daß wenn im Falle eines Trade Libels ein injunction angängig ist, sie es a fortiori im Falle einer persönlichen Beleidigung sein müsse.

2. Bei Wahlen kann eine einstweilige oder Dauerverfügung vom High Court erlassen werden, die verbietet, eine falsche Tatsache über einen Kandidaten, die behauptet oder veröffentlicht worden und geeignet ist, seine Wahlchance zu schädigen, zu wiederholen, oder etwas ähnliches Falsches zu behaupten oder zu veröffentlichen[8]).

---

[1]) In Schottland sehr selten. Siehe oben S. 3 Anm. 3 a. E.

[2]) Bonnard v. Perryman 1891. 2 Ch. D. 269.

[3]) Siehe oben S. 16; Champion & Co Ltd. v. Birmingham Vinegar Brewery Co. Ltd. 1893. 10 T. L. R. 164.

[4]) Siehe oben S. 25.

[5]) 1892. 1 Ch. 571.

[6]) 1894. 1 Q. B. 671.

[7]) Abschn. 25 (8).

[8]) Corrupt and Illegal Practices Prevention Act 1895, Abschn. 3. Siehe auch oben S. 49.

3. Begeht eine Partei bei einer Gerichtsverhandlung „contempt of court[1]), so kann das Gericht sie durch Gerichtsverbot daran hindern, das Delikt zu wiederholen[2]).

4. Auch die unberechtigte Veröffentlichung von Nachrichten bestimmter Art (siehe oben S. 38) kann durch Gerichtsverbot gehindert werden[3]).

5. Nach Abschnitt 36 des Patents and Designs Act 1907 (vgl. auch oben S. 26, 29) kann jemand, der wegen angeblicher Patentverletzung mit gerichtlichen Verhandlungen bedroht worden ist, ein Gerichtsverbot gegen den Bedroher auf Unterlassung der Drohung erwirken, wenn tatsächlich keine Patentverletzung vorliegt, es sei denn, daß der Bedroher unverzüglich Gerichtsverhandlungen einleite[4]).

---

[1]) Siehe oben S. 46 ff.

[2]) Coleman v. West-Hartlepool Harbour & Ry. Co. 1860. 2 L. T. R. 766.

[3]) 1896. Exchange Tel. Co. Ltd. v. Gregory & Co. 1 Q. B. 147.

[4]) „Injunctions" sind ferner möglich in folgenden in das Urheberrecht fallenden Fällen: 1. Benutzt ein Zeitungsherausgeber den Titel der Zeitung eines anderen Herausgebers in solcher Weise für seine Zeitung, daß das Publikum verleitet werden soll, die Zeitung zu kaufen, in dem Glauben, sie sei die andere Zeitung, so kann das Gericht durch Verbot den weiteren Gebrauch des beanstandeten Titels durch den zweiten Benutzer hindern, wird es aber nur dann tun, wenn die Wahrscheinlichkeit besteht, daß dem ersten Benutzer ein Schaden aus der Benutzung durch den Zweiten erwächst. Borthwick v. Evening Post (1887) 37 Ch. D. 449; auch George Outram & Co. v. The London Evening Newspaper Co. (Times newspaper, 3. 2. 1911), wo im Urteil gesagt wurde, daß nachweisbarer Schaden bestehen muß, wenn eine „injunction" erlassen werden soll, es bestünde kein Monopol am Titel einer Zeitung. 2. Bei Urheberrechtsverletzungen bedient sich der Kläger in der Regel des ihm in Section 6 des Copyright Act von 1911 gegebenen Rechts, ein gerichtliches Verbot auf Unterlassung weiterer Verletzungen zu erwirken. Wenn ein solches Verbot vor der Prozeßverhandlung erwirkt werden soll, muß der Kläger nachweisen, daß er der wirkliche Inhaber des Urheberrechts ist, daß die Verletzung begangen worden ist, daß das Verbot dem Beklagten für den Fall, daß es sich später herausstellen sollte, daß dieser im Recht war, keinen irreparablen Schaden zufügen wird und daß die Wahrscheinlichkeit besteht, daß die Verletzung fortgesetzt wird, wenn der Beklagte nicht daran gehindert werde. Der Nachweis eines Schadens braucht zur Erwirkung eines derartigen Verbots nicht geführt zu werden.

B e s c h l a g n a h m e n. — Die wenigen Fälle, in denen beim normalen Rechtszustand Beschlagnahmen erfolgen dürfen, wurden in ihrem Zusammenhang auf Seiten 13 und 14 besprochen[1]).

[1]) Nach dem Copyright Act 1911 (Sec. 11) gibt es ein summarisches Verfahren bei Urheberrechtsverletzungen: Ist hierbei das Gericht überzeugt, daß ein Werk hergestellt wird, dessen Verbreitung eine U r h e b e r r e c h t s v e r l e t z u n g darstellen würde, so kann es anordnen, daß alle Exemplare oder Druckplatten vernichtet, dem Inhaber des Urheberrechts ausgehändigt oder sonst verwendet werden. Ferner gelten besondere Bestimmungen für die Verletzung des Musikurheberrechts. Nach dem Musical Copyright Act 1906 kann der Inhaber des Urheberrechts durch Antrag beim Polizeichef erwirken, daß Polizeibeamte ohne weitere Ermächtigung solche Leute verhaften, die auf der Straße unerlaubte Nachdrucke seines geschützten Werks verkaufen. Auch kann jedes zum summarischen Vorgehen berechtigte Gericht (Court of Summary Jurisdiction) auf beeidigte Mitteilung hin, einen Polizeibeamten ermächtigen, Haussuchungen vorzunehmen und Exemplare musikalischer Werke oder Herstellungsplatten zu beschlagnahmen, bei denen vernünftigerweise anzunehmen ist, daß eine vorgenommene oder beabsichtigte Urheberrechtsverletzung vorliegt. Das Gericht ordnet die Vernichtung oder sonstige Verwendung der beschlagnahmten Exemplare an.

Anhang 1.

The Parliamentary Papers Act, 1840. 3 u. 4 Vict. c. 9.

Ein Gesetz, um Personen, die mit der Veröffentlichung von Parlamentspapieren beschäftigt sind, summarischen Schutz zu verleihen.

14. April.

Da es für die gehörige und wirksame Ausübung und Erfüllung der Aufgaben und Pflichten des Parlaments, sowie für die Förderung weiser Gesetzgebung wesentlich ist, daß keine Hemmnisse oder Hinderungen bestehen, solche Berichte, Papiere, Gutachten oder Verhandlungen jedes der beiden Häuser zu veröffentlichen, bei denen das betreffende Haus die Veröffentlichung für angemessen oder nötig hält; und da Hemmnisse oder Hinderungen für eine solche Veröffentlichung sich daraus ergeben haben und weiterhin ergeben können, daß Zivil- oder Strafprozesse gegen Personen angestrengt werden, die angestellt oder unter der Oberhoheit von einem oder beiden Parlamentshäusern solche Berichte, Papiere, Gutachten oder Verhandlungen veröffentlichen, ist es deswegen und zur Abhilfe zweckmäßig, daß ein schnellerer Schutz allen Personen zukomme, die unter der vorgenannten Oberhoheit handeln, und daß all solche Zivil- und Strafprozesse summarisch erledigt und in vorbesagter Weise beendigt werden; daher w e r d e R e c h t , daß alle lebenden und künftigen Menschen, die irgendwie mit einem Zivil- oder Strafprozeß verfolgt werden, weil sie oder ihre Angestellten solche Berichte usw. . . . auf Grund oder unter der Oberhoheit eines der Parlamentshäuser veröffentlicht haben, dem Gericht, in dem solch Prozeß begonnen hat oder beginnen soll (wenn es einer der superior courts of Westminister ist, auch einem Richter des Gerichts) nach einer Ankündigung an den Ankläger oder Kläger 24 Stunden vorher ein Zeugnis erbringen dürfen, das von der Hand des Lord High Chancellor of Great Britain . . . . . oder von dem Schreiber im House of Commons stammt, und welches feststellt, daß der betreffende Bericht usw. . . . von dem gerichtlich Verfolgten oder seinem Angestellten auf Order oder unter der Oberhoheit eines der Parlamentshäuser veröffentlicht worden sei, zusammen mit einem schriftlichen Eid (affidavit) zur Beglaubigung dieses Zeugnisses; und solch Gericht oder Richter soll daraufhin sofort den Zivil- oder Strafprozeß einstellen; und derselbe, sowie jeder gerichtliche Akt in seinem Verlauf soll beendigt sein, als beendigt gelten und gehalten werden und erledigt sein durch dieses Gesetz.

2. Im Falle eines Zivil- oder Strafprozesses, der hiernach angestrengt wird für oder mit Beziehung auf eine Kopie eines solchen Berichtes usw. . . ., sollen die gerichtlich Verfolgten in jedem Stadium des Prozesses dem Gericht bzw. dem Richter den Bericht usw. . . . samt Kopie vorlegen können, dazu ein affidavit zur Beglaubigung des Berichtes usw. . . . und der Genauigkeit der Kopie, und der Gerichtshof oder Richter soll sofort den Prozeß einstellen und derselbe sowie jeder gerichtliche Akt in seinem Verlauf soll beendigt sein und als beendigt gelten und gehalten werden und erledigt sein durch dieses Gesetz.

3. In jedem Zivil- oder Strafprozeß, der deswegen angestrengt wird, weil jemand einen Ausschnitt aus solchem oder ein Referat über solchen Bericht usw. . . . gedruckt hat, soll man den Bericht usw. . . . vorzeigen können, und dartun, daß der Ausschnitt oder das Referat bona fide und ohne Böswilligkeit veröffentlicht worden sei; und wenn die Geschworenen davon überzeugt sind, soll das Urteil den Verfolgten freisprechen.

4. Nichts in diesem Gesetz Enthaltenes soll so aufgefaßt, ausgelegt und direkt oder indirekt durch stillschweigende Schlußfolgerung oder sonstwie so gedeutet werden, daß auf irgendeine Weise die Privilegien des Parlaments dadurch berührt werden.

Anhang 2.

The Libel Act, 1843, 6—7 Vict. c. 96.

Gesetz zur Abänderung des Rechts betreffend beleidigende Worte und Schriften, 24. August.

1. Zum besseren Schutz des privaten Rufs und um wirksamer die Preßfreiheit zu sichern, sowie um Mißbräuchen dieser Freiheit besser vorzubeugen, w e r d e R e c h t, daß bei jeder Zivilklage wegen Beleidigung der Beklagte (nach schriftlicher Ankündigung dieser seiner Absicht in gehöriger Form an den Kläger bei Einreichung oder Abgabe des Antrags in einem solchen Prozeß) zur Minderung der Schadenssumme vorbringen kann, daß er dem Kläger vor Erhebung der Beleidigung eine Entschuldigung gemacht oder angeboten hat, oder wenn vor der Klageerhebung keine Gelegenheit dazu da war, dann sobald nach Klageerhebung, als sich Gelegenheit bot.

In einer Klage wegen einer Beleidigung, die in einer öffentlichen Zeitung oder sonstigen periodisch erscheinenden Veröffentlichung enthalten war, soll der Beklagte zur Verteidigung anführen können, daß die Beleidigung darin ohne eigentliche Böswilligkeit oder grobe Fahrlässigkeit eingesetzt war, und daß vor Beginn der Klage, oder bei erster Gelegenheit danach, er eine volle Entschuldigung für besagte Beleidigung in die Zeitung usw. . . . eingesetzt hat, oder wenn die Zeitung usw. . . ., in der die Beleidigung erschienen ist, normalerweise seltener veröffentlicht wird als alle Woche, daß er angeboten habe, besagte Entschuldigung in irgendeiner Zeitung oder periodischen Veröffentlichung nach Wahl des Klägers zu veröffentlichen; und jeder solche Beklagte soll, wenn er diese Einwendung macht, in der Lage sein, an das Gericht eine Geldsumme zu zahlen als Genugtuung für den durch Veröffentlichung der Beleidigung zugefügten Schaden; und diese Zahlung an das Gericht soll von derselben Wirkung sein und in ebensolchem Umfang und solcher Ausdehnung gültig, sowie denselben Regeln unterworfen in bezug auf Kosten und die Form der Einwendung, außer soweit sie sich auf die zusätzlichen Tatsachen bezieht, deren Vorbringen in Vorgesagtem erfordert worden ist, wie wenn Beleidigungsklagen nicht ausgenommen wären von den persönlichen Klagen, bei denen es rechtens ist, Geld an das Gericht zu zahlen, gemäß einem Gesetz, das in der Parlamentssitzung des vierten Jahres der Regierung seiner verstorbenen Majestät ergangen ist, betitelt: An Act for the further Amendment of the Law and better Advancement of Justice (Gesetz zur weiteren Besserung des Rechts und besseren Förderung der Gerechtigkeit). Gegenüber solchem Antrag soll der Kläger ganz allgemein replizieren können, die ganze Einwendung für unbegründet erklärend.

4. Wenn jemand böswillig eine Beleidigung veröffentlicht, von der er weiß, daß sie falsche tatsächliche Behauptungen enthält, soll jeder dessen Überführte im common gaol (gemeinen Gefängnis) oder in der Besserungsanstalt bis zu 2 Jahren gefangen gehalten werden und nach Ermessen des Gerichts zu einer Geldstrafe verurteilt werden können.

5. Wer [sonst] böswillig eine Beleidigung veröffentlicht, soll, wenn er dessen überführt wird, zu Gefängnis, Geldstrafe oder beidem nach Ermessen des Gerichts verurteilt werden können, Gefängnis aber nur bis zu einem Jahr.

6. Bei der Verhandlung einer Strafklage oder Anzeige wegen einer Beleidigung kann, wenn der Angeklagte eine diesbezügliche Einwendung macht, die Wahrheit der anklagebegründenden Tatsachen nachgeprüft werden, aber dies soll eine Verteidigung nur dann sein, wenn es im öffentlichen Interesse lag, daß die besagten anklagebegründenden Tatsachen veröffentlicht wurden; und um den Angeklagten zu berechtigen, daß er die Wahrheit solcher Belastungstatsachen als Verteidigung gegen die Strafklage usw. beweist, muß er in seiner Einwendung die Wahrheit der Belastungstatsachen in der Weise anführen, wie jetzt in einer Zivilklage wegen Beleidigung die Einwendung der Justifikation (Wahrheitsbeweis) gefordert wird, ferner nachweisen, daß die Veröffentlichung der Tatsachen im öffentlichen Interesse lag, und die einzelne Tatsache oder Tatsachen anführen, weswegen es im öffentlichen Interesse lag, daß die Tatsachen veröffent-

licht wurden, gegenüber welchem Antrag der Kläger ganz allgemein soll replizieren können, die ganze Einwendung für unbegründet erklärend; und wenn nach solcher Einwendung der Angeklagte doch verurteilt wird, soll das Gericht befugt sein, bei der Urteilsverkündung auszusprechen, ob die Schuld des Angeklagten durch die Einwendung und durch das Beweismaterial dazu gemehrt oder gemindert ist; jedoch darf die Wahrheit der Belastungstatsachen bei der Beleidigung, deretwegen Klage erhoben worden ist, in keinem Fall ohne solche Einwendung oder Rechtfertigung geprüft werden; ferner darf der Angeklagte neben seinem Antrag einwenden, daß er unschuldig sei; ferner soll nichts in diesem Gesetz Enthaltenes eine Verteidigung in Form einer Einwendung, daß er nicht schuldig sei, die dem Angeklagten jetzt gegen eine Klage wegen beleidigender Worte oder Schriften zusteht, verhindern oder beeinträchtigen.

7. Wenn bei einer Verhandlung über eine Strafklage oder Anzeige wegen einer schriftlichen Beleidigung, wenn der Angeklagte eingewendet hat, daß er nicht schuldig sei, Beweismaterial vorgebracht worden ist, wodurch die Vermutung entsteht, daß die Veröffentlichung von dem Angeklagten mittels der Handlung einer anderen (von dem Angeklagten ermächtigten) Person begangen worden ist, soll der Angeklagte beweisen dürfen, daß die Veröffentlichung ohne seine Ermächtigung, sein Einverständnis oder Wissen geschah und nicht auf mangelnde Sorgfalt und Vorsicht seinerseits zurückzuführen ist.

8. Bei der Strafklage oder Anzeige durch einen Privaten wegen der Veröffentlichung einer Beleidigung, soll der Angeklagte, wenn das Urteil für ihn günstig ausfällt, berechtigt sein, von dem Kläger die Kosten wiederzuerlangen, die ihm durch solche Klage oder Anzeige entstanden sind; umgekehrt bei besonderer Einwendung der Rechtfertigung bei solcher Strafklage oder Anzeige soll der Kläger, wenn der Ausgang für ihn günstig ausfällt, von dem Angeklagten die ihm durch dessen Antrag entstandenen Kosten zu verlangen berechtigt sein. Diese Kosten, die vom Angeklagten bzw. vom Kläger gefordert werden dürfen, sind von dem zuständigen Beamten des Gerichts, vor welchem besagte Klage verhandelt worden ist, einzuschätzen.

9. Wo in diesem Gesetz für Kläger, Beklagte, Beleidigte oder solche, die beleidigt werden sollten, Worte gebraucht werden, die nur eine Person oder das männliche Geschlecht bedeuten, sind sie so zu verstehen, daß sie mehrere sowohl wie einen, Frauen sowohl wie Männer umfassen, außer wo die Natur der Vorschrift oder der Zusammenhang des Gesetzes solche Auffassung ausschließen.

10. . . . Nichts in diesem Gesetz soll auch für Schottland gelten.

Anhang 3.

The Newspapers, Printers and Reading Rooms Repeal Act 1869.

32 & 33 Vict. c. 24.

Ein Gesetz zur Aufhebung gewisser Vorschriften, die sich auf Zeitungen, Broschüren und andere Veröffentlichungen, sowie auf Drucker, Schriftgießer und Lesesäle beziehen (12. Juli 1869).

1.

[Aufhebung der Gesetze im ersten Schedule (Ausführungsvorschriften).]

Die Vorschriften der genannten Gesetze, die im zweiten Schedule zum vorliegenden Gesetz auseinandergesetzt sind, sollen in derselben Weise in Kraft bleiben, als ob sie im Hauptteil dieses Gesetzes enthalten wären . . .

Second Schedule.

Die Vorschriften dieses Schedule, mit Ausnahme des Abschnitts 19 von 6 & 7 Will. 4 c. 76 finden auf Irland keine Anwendung.

39 Geo. 3. c. 79.

Abschnitt 28.

Nichts in diesem Gesetz bezieht sich auf oder kann ausgelegt werden als sich beziehend auf irgendwelche Schriften, die unter der Autorität und zur Benutzung von einem der beiden Parlamentshäuser gedruckt werden.

Abschnitt 29.

Wer eine Schrift zu Gewinnzwecken irgendwelcher Art druckt, ist verpflichtet, mindestens ein Exemplar jeder so von ihm gedruckten Schrift sorgfältig aufzubewahren und aufzuheben; auf diese Schrift soll er schreiben oder schreiben (drucken) lassen in sauberen und lesbaren Buchstaben den Namen und die Adresse der Person oder Personen, durch die er beauftragt ist, die Schrift zu drucken; wer eine solche Schrift zum Verdienstzweck druckt und es versäumt, den Namen und die Adresse seines Auftraggebers auf eine dieser Druckschriften zu schreiben oder schreiben oder drucken zu lassen, oder wer sie nicht sechs Monate nach dem Druck aufhebt oder es ablehnt, sie vorzubringen und sie jedem Friedensrichter vorzuzeigen, der sie innerhalb der genannten sechs Monate zu sehen verlangt, soll für jede derartige Versäumnis oder Ablehnung die Summe von £ 20 als Buße zahlen.

Abschnitt 31.

Diese Vorschriften beziehen sich nicht auf den Abdruck eines Stiches oder auf das Drucken mittels Druckerpresse von Namen oder Namen und Adresse oder Geschäft und Beruf irgendeiner Person und der Sachen, mit denen sie Handel treibt, oder auf irgendwelche Papiere, die sich auf den Verkauf von Immobiliar- oder sonstigem Gut durch Versteigerung oder sonstwie beziehen.

Abschnitt 34.

Keine Straf- oder Zivilklage auf irgendeine durch dieses Gesetz auferlegte Buße kann erhoben werden, es sei denn, daß sie binnen drei Monaten nach dem Begehen des Delikts erhoben wird.

Abschnitt 35 (Teil).

Jede Geldstrafe, die durch dieses Gesetz auferlegt wird und die die Summe von £ 20 nicht übersteigt, kann und soll von jedem Friedensrichter für diejenige Provinz oder Stadt, für denjenigen Bezirk oder Ort, in dem das Delikt begangen ist oder in dem die Person, die es begangen hat, sich befindet, summarisch eingezogen werden.

Abschnitt 36.

Alle Geldstrafen, die durch dieses Gesetz auferlegt sind, werden, wenn sie summarisch von einem Friedensrichter erhoben werden, in folgender Weise angewandt und verwendet: die eine Hälfte wird der Person ausgezahlt, die das Delikt dem Friedensrichter angezeigt hat, und die andere Hälfte geht an Seine Majestät und seine Erben und Nachfolger.

51 Geo. 3. c. 65.

Abschnitt 3.

Nichts . . . in diesem Akt fordert oder soll so ausgelegt werden, als ob es fordere, daß der Name oder die Adresse des Druckers auf irgendeine Banknote . . ., auf einen Wechsel oder eine Schuldverschreibung . . . oder auf einen Frachtbrief, eine Versicherungspolice, Vollmacht, einen schriftlichen Vertrag oder auf die Übertragung von öffentlichen Anleihestücken, Fonds oder anderen Wertpapieren oder auf die Übertragung von Aktien einer öffentlichen, vom Parlament genehmigten Gesellschaft . . . oder auf eine Quittung für Geld oder Waren oder auf irgendeinen Vorgang im Gerichtshof oder auf andere Papiere, die durch eine öffentliche Behörde oder durch einen öffentlichen Beamten in der Ausführung ihrer Pflichten veranlaßt sind, gedruckt werden, auch wenn die genannten Wertpapiere . . . gedruckt sind oder gedruckt werden sollen.

6 & 7 Will. 4. c. 76.

Abschnitt 19.

Wenn eine Person einem Gerichtshof einen Antrag einreicht zwecks Ermittlung des Namens einer Person, die als Drucker, Herausgeber oder Eigentümer irgendeiner Zeitung fungiert oder irgendwelcher Tatsache in bezug auf das Drucken oder die Herausgabe einer Zeitung, um einen Prozeß in bezug auf irgendwelchen Schaden wirksamer durchführen zu können, der angeblich auf Grund beleidigenden Inhalts in einer derartigen Zeitung über solche Person von dieser erlitten worden ist, so soll es unerlaubt sein, daß der Beklagte gegen solchen Antrag eine Einwendung macht; es soll vielmehr möglich sein, ihn zu zwingen, seinen Namen mitzuteilen. Eine derartige Mitteilung darf gegen den Beklagten ausschließlich in dem Prozeß angewendet werden, um den die Mitteilung gemacht wurde.

2 & 3 Vict. c. 12.

Abschnitt 2.

Wer eine Schrift oder ein Buch druckt zwecks Veröffentlichung oder Verteilung und vorn auf solche Schrift, wenn sie nur auf einer Seite bedruckt ist oder auf der ersten oder letzten Seite jeder Schrift oder jedes Buches, das aus mehr als einem Blatt besteht, in leserlicher Schrift den eigenen Namen und die gewöhnliche Wohnung oder Geschäftsadresse zu drucken unterläßt, und wer eine gedruckte Schrift oder ein gedrucktes Buch ohne Namen und Adresse des Druckers veröffentlicht und verteilt oder beim Veröffentlichen oder Verteilen behilflich ist, büßt für jedes Exemplar einer derartig gedruckten Schrift mit einer Summe von nicht mehr als £ 5.

Abschnitt 4.

Es ist aber nicht erlaubt, daß irgendeine Person einen Prozeß, einen Antrag, eine Klage oder eine Anzeige in irgendeinem der Gerichte Ihrer Majestät oder vor einem Friedensrichter anfängt oder einbringt, bzw. anfangen oder einbringen läßt, gegen irgendeine Person, auf Einziehung einer Buße, die nach den Vorschriften dieses Gesetzes verwirkt ist, es sei denn, daß solch Klageantrag . . . eingeleitet oder gestellt ist im Namen Ihrer Majestät Attorney General oder Solicitor General in jenem Teil Großbritanniens, der England genannt wird . . . bzw. im Namen des Advokaten Ihrer Majestät für Schottland. Wird ein derartiger Antrag eingereicht oder angefangen im Namen irgendeiner anderen Person, so ist jeder daraufhin erfolgende Prozeß in jeder Beziehung null und nichtig.

Anhang 4.

The Newspaper Libel and Registration Act 1881.

44 & 45, Vict. c. 60.

Betr. Abänderung des Gesetzes über Beleidigung durch eine Zeitung und betr. Registrierung von Zeitungseigentümern. 27. August 1881.

1. Das Wort „Registrar“ (Registerbeamter) soll in England bedeuten: den jeweiligen Registerbeamten für Aktiengesellschaften sowie

solche Personen, die das Board of Trade jeweilig zu Eintragungen ermächtigt, und in Irland den jeweiligen Hilfsregisterbeamten für Aktiengesellschaften.

(Der Ausdruck „Registry Office" [Eintragungsbüro, Standesamt] soll bedeuten: das jeweilige Hauptamt des Registrars in England oder Irland oder das jeweilige Büro, das das Board of Trade von Zeit zu Zeit dazu ernennt.)

Das Wort „newspaper" (Zeitung) bedeutet eine Schrift, die öffentliche Nachrichten, Auskünfte oder Berichte über Ereignisse oder Bemerkungen enthält, die zu Verkaufszwecken gedruckt werden und in England oder Irland periodisch oder in Teilen oder Nummern so veröffentlicht werden, daß zwischen der Veröffentlichung von zwei aufeinanderfolgenden Schriften, Teilen oder Nummern nicht mehr als 26 Tage vergehen.

Ferner jede zur Verteilung bestimmte Druckschrift, die nur oder hauptsächlich Anzeigen enthält, sofern sie wöchentlich oder öfter, mindestens aber in Abständen von nicht mehr als 26 Tagen erscheint.

. . . . . .

Das Wort „Proprietor" (Eigentümer) bedeutet ausschließlich

1. einen Alleineigentümer irgendeiner Zeitung,

2. im Falle eines geteilten Eigentums die Personen, die als Partner oder in anderer Weise Teile oder Interessen an der Zeitung vertreten und für sie verantwortlich sind, gegenüber anderen Personen, die in ähnlicher Weise die anderen Teile oder Interessen daran vertreten oder für sie verantwortlich sind.

4. Ein Court of Summary Jurisdiction (d. h. ein Polizeirichter oder Friedensrichter, der in gewissen vorgeschriebenen Fällen Befugnis hat, summarisch zu verfahren) bei einer Anklage gegen einen Eigentümer, Herausgeber oder Redakteur oder eine andere Person, die für die Veröffentlichung einer Zeitung verantwortlich ist, in bezug auf eine in der Zeitung veröffentlichte Beleidigung, darf Beweise aufnehmen über die Frage, ob die Veröffentlichung im öffentlichen Interesse liege, ob die in der Beleidigung enthaltene Behauptung wahr sei, und ob der Bericht sachlich und korrekt und ohne böswillige Absicht (malice) veröffentlicht sei, und auch über jede andere Sache, die nach diesem oder einem anderen Gesetz oder sonst von der angeklagten Person im ordentlichen Gerichtsverfahren vorgebracht werden dürfte; dieses Polizeigericht darf ferner, wenn es nach einer derartigen Beweisaufnahme der Meinung ist, daß eine starke Vermutung bestehe, daß die Geschworenen bei einem ordentlichen Gerichtsverfahren den Angeklagten freisprechen würden, die Klage abweisen.

5. Wenn der Court of Summary Jurisdiction bei der Anklage gegen einen Eigentümer, Verleger, Redakteur oder eine andere Person, die für die Herausgabe einer Zeitung verantwortlich ist, in bezug

auf eine darin veröffentlichte Beleidigung der Meinung ist, daß — obgleich die angeklagte Person der Beleidigung überführt ist — diese einen geringfügigen Charakter trägt, und daß das Vergehen kraft der Befugnis dieses Abschnittes angemessen gesühnt werden könne, so kann der Gerichtshof die Anklage schriftlich aufnehmen und der angeklagten Person verlesen lassen; ihr dann weiter eine Frage etwa folgenden Inhaltes vorlegen: „Wünschen Sie, daß diese Sache vor ein Geschworenengericht kommt, oder sind Sie damit einverstanden, daß summarisch verfahren wird?“ Und wenn solche Person damit einverstanden ist, daß in dem Falle summarisch verfahren wird, so kann der Gerichtshof sie summarisch verurteilen, und zwar zu einer Geldstrafe von nicht mehr als £ 50.

7. Wo nach der Meinung des Board of Trade Unzuträglichkeiten entstehen könnten durch die Eintragung der Namen aller Eigentümer der Zeitung (wegen Unmündigkeit, weibl. Geschlechts, Abwesenheit aus Großbritannien, allzu verzweigter Unterteilung der Aktien usw.), so soll es gestattet sein, daß das Board of Trade die Eintragung einer derartigen Zeitung im Namen oder in den Namen eines oder mehrerer verantwortlicher „repräsentativer Eigentümer“ erlaubt.

8. Ein Register der Eigentümer von Zeitungen, wie sie durch dieses Gesetz definiert sind, soll unter Aufsicht des Registrars eingerichtet werden.

9. Es ist die Pflicht der jeweiligen Drucker und Herausgeber, jederzeit folgende Eintragungen im Registry Office (an oder vor dem 31. Juli 1881 und von da ab) jährlich im Monat Juli eines jeden Jahres . . . machen oder machen zu lassen:

a) den Titel einer Zeitung,
b) die Namen aller Eigentümer einer derartigen Zeitung zusammen mit ihren Berufen, Geschäftslokalen (wenn vorhanden) und Wohnungen.

10. Wenn, nach Ablauf eines Monats nach der oben bestimmten Frist zur Eintragung einer Zeitung eine derartige Eintragung nicht erfolgt ist, so soll jeder Drucker und Herausgeber einer derartigen Zeitung zu einer Geldstrafe bis zu £ 25 verurteilt und ferner durch summarischen Befehl angewiesen werden können, innerhalb einer gegebenen Frist eine Eintragung zu machen.

11. Bei einer Übertragung oder Übergabe oder einem Handel mit einem Teil oder einer Beteiligung an einer Zeitung, wodurch eine Person aufhört, Eigentümer zu sein oder ein neuer Eigentümer eingeführt wird, kann jede Partei zu jeder Zeit bei dem Registry Office eine Eintragung machen oder machen lassen . . .

12. Wenn jemand wissentlich und willentlich bewirkt oder bewirken läßt, daß in einer durch das vorliegende Gesetz geforderten oder gestatteten Angabe der Name einer Person als Eigentümer einer Zeitung eingesetzt oder genannt wird, die nicht der Eigentümer ist, oder

daß eine derartige Angabe eine falsche Darstellung enthält oder durch das vorliegende Gesetz geforderte Einzelheiten ausläßt, wodurch solche Angabe irreführend wirkt, oder wenn irgendein Zeitungseigentümer wissentlich und willentlich erlaubt, daß eine solche Angabe gemacht wird, die in bezug auf die Einzelheiten seines eigenen Namens, Berufs, Beschäftigungsortes (wenn vorhanden) oder Wohnorts irreführt, dann soll jeder, der sich hiergegen vergeht und dessen überführt wird, zu einer Strafe bis zu £ 100 verurteilt werden können.

13. Es soll Pflicht des eintragenden Beamten sein, und es wird ihm hiermit anbefohlen, sogleich jede Angabe, die gemäß den Vorschriften dieses Gesetzes gemacht wird, in ein Buch einzutragen, das zu diesem Zweck im „Registry Office" aufbewahrt werden soll und „das Register der Zeitungseigentümer" heißt, und jedermann soll frei sein, das genannte Buch von Zeit zu Zeit in den Geschäftsstunden im „Registry Office" einzusehen, und jeder kann eine Kopie einer Eintragung oder einen Auszug aus dem Buch, die durch den Registerbeamten oder seinen jeweiligen Vertreter zu beglaubigen oder mit dem offiziellen Siegel des Registerbeamten zu versehen sind, fordern.

14. Für die Entgegennahme und die Eintragung von Angaben, die gemäß den Vorschriften dieses Gesetzes gemacht werden, für die Einsicht in das Register der Zeitungseigentümer, für beglaubigte Kopien einer darin enthaltenen Eintragung und alle anderen Dienstleistungen des Registerbeamten sollen solche Gebühren, wenn überhaupt, erhoben werden, wie das Board of Trade mit Zustimmung des Schatzamtes anordnet und wie sie diesen erforderlich erscheinen, um sowohl die zusätzlichen Ausgaben des Registry Office zu bestreiten, die durch die Vorschriften dieses Gesetzes verursacht werden, als auch die weitere Belohnung und Besoldung (wenn überhaupt) des Registerbeamten und seiner Hilfspersonen in der Ausübung des Gesetzes; und solche Gebühren sollen nach Anweisung des Schatzamtes angewandt werden.

18. Die in diesem Gesetz enthaltenen Vorschriften über die Eintragung von Zeitungseigentümern sollen sich nicht auf eine Zeitung beziehen, die einer Aktiengesellschaft gehört, welche nach den Vorschriften der Companies Acts (1862—1879) entstanden und ihnen unterworfen ist.

19. Dieses Gesetz gilt nicht für Schottland.

Anhang 5.

The Law of Libel Amendment Act 1888.

51 & 52 Vict. c. 64.

Betr. Abänderung des Libelrechts. 24. Dezember.

1. In der Auslegung dieses Gesetzes soll das Wort „Newspaper" dieselbe Bedeutung haben wie in dem Newspaper Libel and Registration Act 1881[1]).

3. Ein sachlicher und korrekter Bericht in einer Zeitung über ein öffentliches Verfahren vor irgendeinem Gerichtshof (mit richterlicher Autorität) soll, wenn er gleichzeitig mit solchem Verfahren veröffentlicht wird, privilegiert sein: abgesehen von der Veröffentlichung gotteslästerlicher oder anstößiger Äußerungen.

4. Ein sachlicher und korrekter Bericht, der in irgendeiner Zeitung veröffentlicht wird über die Verhandlungen einer öffentlichen Versammlung oder (außer wenn weder die Öffentlichkeit noch irgendein Zeitungsberichterstatter zugelassen wird) über Sitzungen einer Gemeinde, Stadtgemeinde, eines Schulrats, Gemeinderats oder einer Lokalbehörde, die nach den Bestimmungen irgendeines Parlamentsgesetzes gebildet oder konstituiert ist, oder eines Ausschusses der vorhin erwähnten Körperschaften oder einer Versammlung irgendwelcher Kommissare, die durch Konzession, Parlamentsgesetz . . . oder andere Gesetze ermächtigt worden sind, oder der gewählten Ausschüsse eines der Parlamentshäuser oder der Friedensrichter, die in der vierteljährlichen Session zu Verwaltungs- oder Beratungszwecken versammelt sind: ferner die von irgendeinem Regierungsamt oder Departement, Staatsbeamten, Polizeikommissar oder Polizeichef veranlaßte Veröffentlichung irgendeiner Mitteilung oder eines Berichts zur Belehrung des Publikums sollen privilegiert sein, es sei denn, daß nachgewiesen werde, daß ein derartiger Bericht oder eine derartige Veröffentlichung in böswilliger Absicht veröffentlicht oder gemacht worden ist: abgesehen ferner von der Veröffentlichung irgendeiner gotteslästerlichen oder anstößigen Äußerung. Der Schutz, der durch diesen Abschnitt gegeben wird, darf nicht als Verteidigung in irgendeinem Verfahren angewandt werden, wenn es erwiesen ist, daß der Angeklagte gebeten worden ist, in die Zeitung, in der der Bericht oder eine andere Veröffentlichung, gegen die Beschwerde erhoben worden ist, erschienen ist, einen angemessenen Brief oder eine Mitteilung einzusetzen, als Widerlegung oder Erklärung derartigen Berichts oder derartiger Veröffentlichung, und es abgelehnt oder versäumt hat, eine derartige Berichtigung einzusetzen; nichts in diesem Abschnitt, ferner, soll so angesehen oder ausgelegt werden, daß dadurch ein schon bestehendes gesetzliches Privileg beschränkt oder gekürzt werde, oder

[1]) Siehe Anhang 4.

die Veröffentlichung irgendeiner Sache geschützt werde, die nicht im öffentlichen Interesse liegt oder deren Veröffentlichung nicht zum öffentlichen Wohle geschieht.

Im Sinn dieses Abschnitts soll „öffentliche Versammlung[1])“ heißen: jede Versammlung, die tatsächlich und rechtmäßig zu einem rechtlich erlaubten Zweck abgehalten wird und zur Förderung oder Besprechung irgendeiner Angelegenheit öffentlichen Interesses dient, gleichgültig, ob die Zulassung dazu allgemein oder beschränkt sei.

5. Es ist dem Richter oder dem Gerichtshof gestattet, auf Antrag oder im Auftrag von zwei oder mehr Beklagten bei Klagen in bezug auf dieselbe oder im wesentlichen dieselbe Beleidigung, die von ein und derselben Person zu Gericht gebracht wird, anzuordnen, daß derartige Klagen vereinigt werden, so daß sie zusammen verhandelt werden; und wenn eine solche Anordnung ergangen ist, sollen (vor der Verhandlung der betreffenden Klagen) bei weiteren in bezug auf dieselbe oder im wesentlichen dieselbe Beleidigung eingeleiteten Klagen die Beklagten berechtigt sein, in einem Prozeß ihre Klagen zu vereinigen, wenn ein gemeinsamer Antrag von solch neuen Beklagten und den Beklagten bei den bereits vereinigten Klagen eingereicht wird.

Bei einer nach diesem Abschnitt vereinigten Klage sollen die Geschworenen zwar die ganze Summe der Entschädigung, wo diese gewährt wird, festsetzen, die Entscheidung aber soll getrennt für oder gegen jeden Beklagten auf dieselbe Weise gefällt werden, als ob die vereinigte Klage einzeln verhandelt worden wäre; und wenn die Geschworenen eine Entscheidung gegen den Beklagten oder die Beklagten in mehr als einem der so konsolidierten Prozesse gefällt haben, sollen sie sodann den Betrag der von ihnen so festgesetzten Entschädigung unter solche Beklagten zu deren Lasten verteilen; ebenso soll der Richter bei dem Prozeß, wenn er dem Kläger die Kosten des Prozesses zubilligt, eine ihm gerecht erscheinende Anordnung zur Verteilung derartiger Kosten zwischen solchen Beklagten und zu deren Lasten treffen.

6. Bei den Verhandlungen einer Klage wegen einer in einer Zeitung enthaltenen Beleidigung soll es dem Beklagten freistehen, zur Herabsetzung der Entschädigung vorzubringen, daß der Kläger bereits Schadenersatz eingeklagt oder schon bekommen hat, oder Entschädigung bereits erhalten oder entgegenzunehmen sich bereit erklärt hat in bezug auf eine Beleidigung oder Beleidigungen desselben Inhalts oder derselben Wirkung wie die Beleidigung, um die die Klage erhoben worden ist.

8. Abschnitt 3 des 44. und 45. Vict. 60 wird hierdurch aufgehoben und an dessen Stelle wird vorgeschrieben, daß keine Strafklage gegen einen Eigentümer, Herausgeber, Redakteur oder eine andere Person,

[1]) Bezw. ‚Sitzung‘: engl. „meeting“.

die für die Veröffentlichung einer Zeitung verantwortlich ist, in bezug auf eine darin enthaltene Beleidigung erhoben werden kann, ohne daß ein „judge at chambers" solche Strafanklage angeordnet hat.

Der Antrag auf Erteilung einer derartigen Order wird der angeklagten Person mitgeteilt, und es wird ihr Gelegenheit gegeben, sich gegen solchen Antrag zu verteidigen.

10. Dies Gesetz gilt nicht für Schottland.

Anhang 6.

Finance Act 1907 (7 Edw 7 Ch 13).

8. Zur Beseitigung von Zweifeln wird hiermit erklärt, daß „Versicherungspolice, die als Sicherung einer Zahlung zur Entschädigung bei Verlust und Beschädigung von Eigentum gegeben wird" (im Sinne des Stamp Act 1891), auch jede Notiz oder Anzeige in einer Zeitung oder eine andere Veröffentlichung umfaßt, die den Zweck hat, solche Zahlung zu sichern.

Anhang 7.

Local Authorities (Admission of the Press to Meetings) Act 1908.

Ein Gesetz zur Ermöglichung der Zulassung von Pressevertretern zu den Sitzungen gewisser Lokalbehörden (21. Dezember 1908).

1. Pressevertreter sollen zu den Sitzungen aller Lokalbehörden zugelassen werden: aber eine Lokalbehörde darf vorübergehend solche Vertreter von einer Sitzung ausschließen, so oft, wie es bei einer Sitzung wünschenswert ist, wenn nach der durch Beschluß kundgegebenen Meinung einer Mehrheit der anwesenden Mitglieder der Lokalbehörde solche Ausschließung angesichts der besonderen Natur der verhandelten oder zu verhandelnden Materie im öffentlichen Interesse liegt.

2. Für die Zwecke dieses Gesetzes bedeutet:

Der Ausdruck „Pressevertreter" ordnungsmäßig legitimierte Zeitungsvertreter und ordnungsmäßig legitimierte Vertreter von Nachrichtenagenturen, die systematisch das Verkaufen und Liefern von Berichten und Auskünften betreiben.

4. Nichts in diesem Gesetz soll so ausgelegt werden, daß es einem Ausschuß einer Lokalbehörde verboten wäre, Pressevertreter zu seinen Sitzungen zuzulassen.

5. Nichts in diesem Gesetz soll so ausgelegt werden, daß es einer Lokalbehörde verboten wäre, die Öffentlichkeit zu ihren Sitzungen zuzulassen.

7. 1. . . . .

2. Dieses Gesetz bezieht sich nicht auf Irland.

Anhang 8.

Children Act 1908. 8 Edw. 7 Ch. 67.

4. In einem Jugendgericht dürfen außer mit Erlaubnis des Gerichts der Verhandlung beiwohnen nur die Mitglieder und Beamten des Gerichts, die Parteien, ihre Rechtsanwälte (solicitor und counsel) und andere direkt beteiligte Personen.

Rechtmäßige Vertreter einer Zeitung oder Nachrichtenagentur dürfen nicht ausgeschlossen werden.

114. Zusätzlich den Befugnissen des Gerichts (und ihrer unbeschadet), Prozesse in camera zu hören, darf das Gericht bei Prozessen über Sittlichkeitsdelikte oder moralisch oder sittlich anstößiges Verhalten, in denen jemand, den das Gericht für ein Kind oder einen Jugendlichen hält, als Zeuge benannt ist, anordnen, daß alle oder einige Personen, die nicht Mitglieder und Beamte des Gerichts, Parteien, deren Rechtsanwälte (counsel oder solicitor) oder andere direkt beteiligte Personen sind, während der Vernehmung des betreffenden Kindes oder Jugendlichen von der Verhandlung ausgeschlossen werden. Aber nichts in diesem Abschnitt ermächtigt zu der Ausschließung echter Vertreter einer Zeitung oder Nachrichtenagentur.

Anhang 9.

Copyright Act, 1911.

1,2 Geo 5 c. 46.

Gesetz zur Abänderung und Vereinheitlichung des Urheberrechts.

2. 1. Als Urheberrechtsverletzung soll jede Handlung angesehen werden, die irgend jemand ohne Einwilligung des Inhabers des Urheberrechts vornimmt, soweit die Vornahme durch dieses Gesetz ausschließlich dem Inhaber des Urheberrechts übertragen ist. Hingegen sollen folgende Handlungen eine Verletzung n i c h t darstellen:

i) Eine sachgemäße Behandlung eines Werks zum Zwecke privaten Studiums, der Forschung, kritischen Durchsicht, Besprechung oder eines kurzen Zeitungsreferats.

v) Die Veröffentlichung eines Berichtes in einer Zeitung über einen öffentlich gehaltenen Vortrag, es sei denn, daß der Bericht durch eine augenfällig geschriebene oder gedruckte Anzeige verboten ist, die vor dem Vortrag an oder neben dem Haupteingang des Gebäudes, in dem der Vortrag gehalten wird und (außer während das Gebäude zum Zwecke des öffentlichen Gottesdienstes benutzt wird) in der Nähe des Vortragenden angebracht und während des Vortrags dort gelassen wurde; aber die Vorschriften des Absatzes 1 bezüglich Zeitungsreferate werden durch nichts im vorliegenden Absatz berührt.

15. 1. Jeder Verleger eines innerhalb der Vereinigten Königreiche verlegten Buches soll binnen eines Monats nach Veröffentlichung auf eigene Kosten ein Exemplar des Buches an die Treuhänder des British Museum liefern, die eine schriftliche Empfangsbestätigung zu erteilen haben.

2. Auch soll er, wenn eine schriftliche Aufforderung binnen 12 Monaten nach der Veröffentlichung an ihn ergeht, binnen einem Monat nach Empfang des Schreibens, oder wenn dieses vor der Veröffentlichung erfolgte, binnen einem Monat nach Veröffentlichung ein Exemplar des Buches an ein in der Aufforderung genanntes Depot in London liefern, für die Verwaltungsbehörden oder gemäß deren Weisungen, die verantwortlich sind für folgende Bibliotheken: Bodleian Library Oxford, University Library Cambridge, Library of the Faculty of Advocates Edinburgh, die Bibliothek des Trinity College, Dublin, und, gemäß den Vorschriften dieses Abschnitts die National Library, Wales. Bei Enzyclopaedien, Zeitungen, Revuen, Magazinen und anderen Werken, die serienweise in Nummern oder Bänden erscheinen, kann die schriftliche Aufforderung alle Nummern oder Bände umfassen, die künftig zur Veröffentlichung gelangen.

3. Das Exemplar, das an die Treuhänder des British Museum geliefert wird, soll ein Exemplar des ganzen Buches sein, mit allen Karten und Illustrationen, die dazu gehören, geglättet und koloriert wie die besten Exemplare des Buches, die veröffentlicht werden, soll gebunden, genäht oder geheftet und auf dem besten Papier gedruckt werden, auf dem das Buch erscheint.

4. Das Exemplar, das an die anderen in diesem Abschnitt genannten Behörden geht, soll auf dem Papier gedruckt sein, auf dem die größte Anzahl der zum Verkauf bestimmten Exemplare gedruckt wird, und soll in ähnlicher Aufmachung sein, wie die zum Verkauf bestimmten Bücher.

6. Wenn ein Verleger sich gegen die Bestimmungen dieses Abschnittes vergeht, so kann er summarisch zu einer Strafe bis zu £ 5 und dem Wert des Buches verurteilt werden, und die Strafe wird an die Verwalter oder Behörde gezahlt, denen das Buch hätte geliefert werden sollen.

7. Im Sinne dieses Abschnittes bedeutet „Buch" auch jeden Teil eines Buches, alle Flugschriften, Druck- oder Musikbogen, Karten, Pläne, Seekarten oder Tabellen, die einzeln

veröffentlicht werden, aber nicht zweite oder spätere Ausgaben eines Buches, außer wenn eine solche Ausgabe Erweiterungen oder Veränderungen in dem gedruckten Teil oder in den Karten, Stichen oder anderen Gravierungen enthält.

25. Dies Gesetz gilt, soweit nicht die Geltung einzelner Vorschriften auf die Vereinigten Königreiche beschränkt ist, auch für alle Dominions Seiner Majestät, für die „self-governing Dominions“ jedoch nur, wenn es von der dortigen Gesetzgebung als in Kraft befindlich erklärt wird.

Anhang 10.

Defence of the Realm (Consolidation) Regulations 1914.

27. Niemand soll mündlich, schriftlich, in einer Zeitung, Zeitschrift, einem Buch, Zirkular oder einer anderen gedruckten Veröffentlichung falsche Berichte verbreiten oder falsche Erklärungen abgeben, bzw. Berichte über Erklärungen, die geeignet sind, Mißstimmung gegen Seine Majestät zu verursachen oder störend auf den Erfolg der Kräfte Seiner Majestät zu Land oder auf der See einzuwirken oder die Beziehungen Seiner Majestät zu fremden Mächten zu beeinträchtigen oder auch Berichte verbreiten oder Erklärungen abgeben, die geeignet sind, voreinzunehmen gegen die Rekrutierung, Schulung, Disziplin oder Verwaltung der Streitkräfte Seiner Majestät; und wenn jemand hiergegen verstößt, soll er eines Vergehens gegen diese Regulations schuldig sein.

51. Die zuständige Marine- oder Heeresbehörde, oder jedermann, der von ihr rechtmäßig ermächtigt ist, kann, wenn er Grund zu dem Verdacht hat, daß irgendein Haus, Gebäude, Grundstück, Fahrzeug, Schiff, Flugzeug oder andere Baulichkeit (oder darin befindliche Gegenstände) hergestellt werden oder worden sind, die für irgendeinen Zweck auf irgendeine Weise gebraucht oder aufbewahrt werden, die die öffentliche Sicherheit oder die Verteidigung des Königreichs beeinträchtigen, oder in (bzw. mit) denen ein Vergehen gegen diese Regulations begangen wird oder worden ist, nötigenfalls mit Gewalt, sich in das Haus, Gebäude usw. zu jeder Tages- und Nachtzeit Eintritt verschaffen, und es sowie jeden einzelnen Teil prüfen, durchmustern und untersuchen, und kann alles, was er darin findet, mit Beschlag belegen, soweit er zu dem Verdacht Grund hat, daß es zu einem der vorgenannten Zwecke gebraucht wird oder werden soll oder entgegen diesen Regulations aufbewahrt oder gebraucht wird (ferner: wo ein Bericht oder eine Erklärung entgegen Regulation 27 in einer Zeitung oder sonstigen Druckschrift veröffentlicht worden ist, unterliegt jede Type oder sonstige Betriebsanlage,

die zum Druck oder der Herstellung der Zeitung oder sonstigen Veröffentlichung gebraucht wird oder werden kann, der Beschlagnahme), und die zuständige Marine- oder Heeresbehörde kann alles anordnen, zum Zweck, daß die beschlagnahmten Gegenstände zerstört werden, oder sonst über sie verfügt wird.

Anhang 11.

Larceny Act, 1916. 6 & 7 Geo. 5, c. 50.

Ein Gesetz zur Vereinheitlichung und Vereinfachung des Rechts betr. Diebstähle usw. u. verwandte Delikte. (31. Okt. 1916.)

31. Jeder, der um

a) eine wertvolle Sache von jemandem zu erpressen,

b) jemanden zu veranlassen, jemandem eine vorteilhafte oder Vertrauensstelle oder ein vorteilhaftes oder Vertrauensamt zu verschaffen oder zu vermitteln

1. über jemanden (Lebenden oder Toten) eine Beleidigung veröffentlicht oder zu veröffentlichen droht;

oder 2. Angelegenheiten, die eine andere (lebende oder tote) Person berühren, direkt oder indirekt zu drucken oder zu veröffentlichen droht, oder direkt oder indirekt von einer geplanten Veröffentlichung oder Drucklegung abzusehen (bzw. sie zu verhindern) in Aussicht stellt, soll eines Vergehens schuldig sein und deswegen zu Gefängnis bis zu 2 Jahren mit oder ohne Zwangsarbeit verurteilt werden können.

s. 49. Dies Gesetz gilt nur da für Schottland mit, wo es ausdrücklich gesagt ist.

Anhang 12.

Criminal Justice Act 1925.

15/16 Geo. 5. c. 86.

Gesetz zur Abänderung der Regelung der Strafrechtsverwaltung in England und des sonstigen Strafrechts. (22. Dezember 1925.)

Abschnitt 41.

1. Niemand soll a) in irgendeinem Gerichtshof irgendwelche Photographie aufnehmen oder den Versuch machen aufzunehmen, oder eine zur Veröffentlichung bestimmte Zeichnung oder Skizze in irgendeinem Gerichtshof anfertigen oder anzufertigen versuchen von irgendeiner der folgenden Personen: von dem Richter, einem Geschworenen, einem Zeugen oder einer Partei bei einer Gerichtsverhandlung, ob Zivil- oder Strafverhandlung; b) noch soll irgendeine

Person eine Photographie, Zeichnung oder Skizze, die entgegen den vorhergehenden Vorschriften dieses Absatzes angefertigt worden ist, noch eine Vervielfältigung derselben veröffentlichen.

Wer gegen die Vorschriften dieses Abschnitts verstößt, kann im summarischen Verfahren zu einer Geldstrafe von nicht mehr als £ 50 verurteilt werden.

2. Im Sinne dieses Abschnittes heißt a) der Ausdruck „Gerichtshof" irgendein Gerichtshof einschließlich eines „Coroner"-Gerichtshofs[1]); b) der Ausdruck „Richter" auch: Recorder, Registrar, Polizeirichter, Friedensrichter und Coroner; c) „Photographie, Zeichnung oder Skizze" eine im Gerichtshof aufgenommene oder angefertigte Photographie, Zeichnung oder Skizze, wenn sie im Gerichtssaal oder im Gebäude oder auf dem Gebäudegelände aufgenommen oder angefertigt ist, in dem das Gericht abgehalten wird, oder wenn es sich um eine Photographie, Zeichnung oder Skizze handelt, die aufgenommen oder angefertigt worden ist, während die aufgenommene oder skizzierte Person den Gerichtssaal, das Gebäude oder das Gelände betritt oder verläßt.

3. Das Gesetz gilt nicht für Schottland und Nord-Irland.

Anhang 13.

Judicial Proceedings.

(Regulation of Reports) Act 1926.

16 & 17 Geo. 5 Ch. 61.

Betrifft die Regelung der Veröffentlichung von Berichten über Gerichtsverhandlungen in solcher Weise, daß eine Schädigung der öffentlichen Moral verhindert werde. (15. Dezember 1926.)

I. 1. Es ist verboten zu drucken oder zu verlegen, zu verursachen oder zu veranlassen, daß gedruckt oder verlegt werde:

a) Im Zusammenhang mit irgendwelchen Gerichtsverhandlungen: irgendeine anstößige Materie oder anstößige medizinische, chirurgische oder physiologische Einzelheiten, wenn es sich um eine Materie oder Einzelheiten handelt, deren Veröffentlichung geeignet wäre, die öffentliche Moral zu schädigen;

b) in Zusammenhang mit Gerichtsverhandlungen zwecks Ehescheidung, Eheanfechtung oder gerichtlicher Trennung oder Wiederherstellung der ehelichen Rechte irgendwelche Einzelheiten mit Ausnahme der folgenden, als da sind:

   i) die Namen, Adressen und Berufe der Parteien und Zeugen;

[1]) Gericht zur Ermittlung der Ursachen bei nicht als natürlich bescheinigten oder verdächtigen Todesfällen.

ii) eine kurze Mitteilung über die Klagen, Repliken und Dupliken, über die Zeugnis abgelegt worden ist;

iii) Anträge über irgendeine Rechtsfrage, die im Laufe der Verhandlungen sich ergeben hat, und die Entscheidung des Gerichts darüber;

iv) die Schlußzusammenfassung des Richters und das Urteil der Geschworenen (wenn solche vorhanden sind), die Entscheidung des Gerichts und die Bemerkungen des Richters bei Verkündung der Entscheidung.

Doch darf nichts in diesem Teil dieses Unterabschnitts so ausgelegt werden, als gestatte er die Veröffentlichung irgendeiner Materie entgegen den Vorschriften des Paragraphen a) dieses Unterabschnitts.

2. Die Verletzung der Vorschriften dieses Gesetzes soll in jedem Falle bei summarischer Verurteilung mit Gefängnis nicht über vier Monate oder mit Geldstrafe nicht über £ 500 oder mit beiden bestraft werden können.

Doch ist niemand außer einem Eigentümer, einem Redakteur, einem Meisterdrucker oder Verleger den Vorschriften dieses Gesetzes unterworfen.

3. Anklage wegen eines Vergehens nach diesem Gesetz kann in England und Wales nur mit Zustimmung des Attorney General erhoben werden.

4. Nichts in diesem Abschnitt findet Anwendung auf den Druck irgendeines Antrags, einer Zeugniswiedergabe oder anderer Urkunden zur Benutzung bei Gerichtsverhandlungen oder der Mitteilung an Personen, die an den Verhandlungen interessiert sind, oder auf das Drucken oder die Veröffentlichung irgendeiner Mitteilung oder eines Berichts in Verfolg der Anordnungen des Gerichtshofs; oder auf das Drucken oder die Veröffentlichung irgendeiner Sache in einem Einzelband oder als Teil einer echten Sammlung von Gerichtsentscheidungen, die nicht einen Teil einer anderen Veröffentlichung bildet und nur aus den Berichten über Gerichtsverhandlungen besteht oder in irgendeiner Veröffentlichung technischen Charakters, die wirklich zur Verbreitung unter Mitgliedern der juristischen oder medizinischen Berufe bestimmt ist.

Sachregister.

Spitzenorganisationen der englischen Presse:

London Newspaper Proprietors' Association, 6, Bouverie Street, London, E. C. 4.

Newspaper Society, Byron House, Fleet Street, London, E. C. 4.

Weekly Newspaper Proprietors' Association, 6, Bouverie Street, London, E. C. 4.

National Union of Journalists, 5, Chancery Lane, London, W. C. 2.

Publishers' Association, Stationers' Hall Court, London, E. C. 4.

Master Printers' Federation, Old Bailey, London, E. C.

Associated Booksellers of Great Britain, 14, Paternoster Square, London, E. C. 4.

National Federation of Retail Newsagents, Fleet Street, London, E. C. 4.[1])

---

[1]) Die Rechtsbeziehungen der Journalisten zu den Zeitungseigentümern werden durch zwei Verträge geregelt, die der Journalistenverband mit der Londoner Vereinigung der Zeitungseigentümer und mit der Newspaper Society geschlossen hat. In jenem (vom 16. 5. 1921) werden Gehaltsfragen und Arbeitsbedingungen geregelt; in diesem (vom 22. 3. 1921) ist eine genaue Regelung von Gehaltsfragen enthalten und wird eine aus fünf Vertretern jeder der beiden Organisationen bestehende Schiedskommission zur Erledigung von Streitfragen eingesetzt. Diesem zweiten Vertrag ist für Schottland die Scottish Daily Newspaper Society beigetreten.

www.ingramcontent.com/pod-product-compliance
Lightning Source LLC
LaVergne TN
LVHW042248300926
849161LV00003B/521
* 9 7 8 3 1 1 2 3 9 2 7 3 7 *